Überirdische Rätsel

Reinhard Habeck

Überirdische
Rätsel

Entdeckungsreisen
zu wundersamen Orten

pichler verlag

Merci in Liebe für
Besi, Truska und Elvira

Unsere gemeinsamen
Entdeckungsreisen
zu wundersamen Orten
haben meine Vorstellungs-
welt mehr bereichert als
irgendetwas anderes
im Leben.

LINKS:
Steinkreis im Wald bei Mötz
in Tirol

Inhalt

LINKS UND SEITE 9: *Votivtafeln als Dank für Rettung und Gebetserhörungen in der ehemaligen Totenkapelle in Absam in Tirol*

Anstoß:
Wenn das Überirdische ruft!

„Viel zu spät begreifen viele die versäumten Lebensziele:
Freude, Schönheit der Natur, Gesundheit, Kultur und Reisen.
Darum, Mensch, sei zeitig weise! Höchste Zeit ist's! Reise, reise!"

Wilhelm Busch (1832–1908), deutscher Dichter und Zeichner

Wenn einer eine Reise tut … ja, dann hat er natürlich immer etwas zu erzählen. Selbst Menschen, bei denen der Urlaub traditionell „im Sand" verläuft. Jemand steigt versehentlich auf einen Seeigel, die Badehose wird gestohlen oder der versprochene Meerblick entpuppt sich als Hinterhofpanorama. Solche Dinge passieren und belustigen die daheim Zurückgebliebenen. Auch moderne Technologien bieten neue, faszinierende Möglichkeiten: Expeditionen in die Fremde werden vermehrt virtuell mittels Computer und 3-D-Brille unternommen. Letztlich bleiben es aber immer nur Ausflüge in unwirkliche Scheinwelten.

Mir genügt das nicht. Die wirklich spannenden Geschichten höre ich immer von Vagabunden, die real an mystischen Orten waren, wo wundersame Erscheinungen, übersinnliche Begebenheiten und rätselhafte Entdeckungen bezeugt sind. In meiner Jugend waren das Abenteurer und Fantasten wie Heinrich Harrer, Thor Heyerdahl oder Erich von Däniken, die meine Neugierde für das Unbekannte und Unerforschte geweckt haben. Als Globetrotter um die Welt reisen, ferne Länder entdecken, Ruinen versunkener Reiche erkunden, fremde Kulturen und Menschen kennenlernen, davon träumte ich wie viele andere meiner Generation.

Als siebzehnjähriger Jungspund hatte ich endlich das nötige „Taschengeld" für meine erste Fernreise zusammengekratzt. Sie führte mich 1979 ins einstige Pharaonenland am Nil – nach Ägypten. Zwischen Alexandria und Assuan begegnete ich einer mir damals fremdartigen Wunderwelt. Die Rätsel der Pyramiden, die legendären Pharaonenschätze, das profunde Geheimwissen der Priesterschaft und die altägyptische Mythologie haben meinen Blick auf die Wirklichkeit erweitert. In der Folge entstanden daraus literarische Gedanken und kühne Thesen, die ich erstmals 1982 (gemeinsam mit Peter Krassa, † 2005) in dem Sachbuch „Licht für den Pharao" veröffentlichte.

Es sind bekanntlich die ungelösten Fragen, die den Verstand lebendig erhalten und unsere Fantasie beflügeln: Wie wirklich ist die Wirklichkeit? Wo liegt die Wiege unserer Zivilisation? Stimmt das Bild unserer Vergan-

LINKS: Wendeltreppe
mit Engelsköpfen in
Mariastein (Tirol)

genheit? Waren unsere Vorfahren weit fortschrittlicher als bisher angenommen? Kamen die Götter des Altertums als außerirdische Kulturbringer auf die Erde? Welche Wunder waren Auslöser dafür, dass bestimmte Plätze zu „heiligen Orten" wurden? Liegen mysteriöse Artefakte noch irgendwo vergraben? Existieren sagenhafte Relikte, die unbeachtet und vergessen in geheimen Museumdepots verstauben?

Die Grenzgebiete des Wissens, die großen Menschheitsrätsel und die Entdeckungsreisen zu wundersamen Orten beschäftigen und faszinieren mich bis heute. Sie sind die Triebfeder für mein Schaffen. Aber ist nicht längst alles geklärt? Wir leben doch in einem hoch technisierten und aufgeklärten Zeitalter. Wir sind kritisch und skeptisch, wenn von unerklärlichen Funden und übersinnlichen Phänomenen die Rede ist. Durchaus begründet, denn viele vermeintliche „Wunder" oder „Mysterien" sind inzwischen als „Verwechslung", „Falschmeldung" oder sogar „Schwindel" entlarvt worden. Aber – die Folgerung der Rationalisten, dass sämtliche Bereiche des „Überirdischen" auf Spinnerei und Täuschung beruhen, ist mit Verlaub kopflos und unbewiesen. Warum in Gottes Namen sollte nur das der Wissenschaft heute Fassbare existieren?

Nicht erst seit Shakespeare wissen wir, dass es mitunter mehr Dinge zwischen Himmel und Erde gibt, als uns unsere Schulweisheit erträumen lässt. Nichts davon verstößt gegen die Gesetze der Natur, sondern steht lediglich im Gegensatz zu dem, was wir bisher von ihnen *wissen*. Die Geduld der orthodoxen Gelehrtenwelt wird dennoch strapaziert. Vor allem dann, wenn sie mit spontanen und nicht fassbaren Phänomenen konfrontiert wird. Beispielsweise mit wiederkehrenden Lichterscheinungen, die als „Visionen der Gottesmutter Maria" gedeutet werden. Vernunftmenschen behaupten: „Alles Halluzinationen!" So banal lässt sich das Rätsel aber nicht wegdiskutieren. Es existiert seit Beginn unserer Zeitrechnung, tritt weltweit an bekannten und einsamen Orten auf, teilweise mit mysteriösen Begleitphänomenen und manchmal sogar vor Tausenden Augenzeugen. Eine logische Erklärung für diese gespenstisch anmutenden Lichtwunder gibt es nicht, und doch können sie Tag für Tag aufs Neue geschehen.

Seit einem Jahrzehnt zieht es mich magisch zu Erscheinungsstätten, Wallfahrtsorten, Gotteshäusern, Kapellen und hinab in modrige Kirchengrüfte. Dabei begleitet mich himmlisches Glück. Meine Lebenspartnerin Elvira Schwarz aus dem benachbarten Alphörnerland teilt meine Leidenschaft für das Mystische seit Anbeginn. Wir sind schon in ungezählten Pyramidenschächten herumgekrochen, haben auf aktiven Vulkanen getanzt und bestiegen vom Regenguss durchnässt einsame Götterberge. Die gemeinsamen Entdeckungsreisen zu den Schauplätzen des Überirdischen unternehmen wir bevorzugt mit dem Bus oder der Bahn. Weitere Erkundungen vor Ort erfolgen dann meist mit dem Drahtesel oder zu Fuß als Wandervögel. Dabei gab es bisher immer Staunenswertes, bisweilen auch Kurioses und nahezu Unglaubliches zu entdecken. Vieles davon haben wir im Bild festgehalten.

Das vorliegende Buch schließt an die jüngsten Vorgängertitel an. „Stein-zeit-Astronauten" (2014) lotst zu den Felsbildrätseln der Alpenwelt, „Un-gelöste Rätsel" (2015) präsentiert Wunderwerke der Archäologie und „Überirdische Rätsel" führt nun zu Kultplätzen und Heiligtümern, wo das Wunderbare zur Wirklichkeit gehört. Die Auswahl der geheimnisvollen Orte ist eine subjektive. Mein Wunsch als Autor ist es, dass mir die Mi-schung geglückt ist. Ich hoffe, jede Leserin und jeder Leser findet etwas Reizvolles, das bei nächstbester Gelegenheit am „Tatort" überprüft und in Augenschein genommen werden will.

Sieht man von der Kaaba in Mekka ab (allen Nichtmuslimen – so auch mir – wird der Zutritt in den heiligen Bezirk verwehrt), sind sämtliche heilige Stätten zu besichtigen. Für Spurensucher habe ich im Anhang hilfreiche Links und Kontakte genannt. Dabei spielt es keine Rolle, ob man als neu-gieriger Tourist, wissbegieriger Kunstfreund, hellhöriger Esoteriker oder frommer Pilger unterwegs ist. Für alle gilt das Gleiche: Wer danach sucht, wird vieles entdecken, das zum Staunen einlädt. Wenn das vorliegende Buch als kleine Anregung dafür dient, hat es seinen Zweck erfüllt.

Willkommen in der Welt des Überirdischen!

Wien im September 2016

MARIENWUNDER IN ÄGYPTEN

Erscheinungen der Himmelskönigin,
der heilige Matarija-Baum
und die Stätte des Uranfangs

*„Jedes Naturgesetz, das sich dem Beobachter offenbart,
lässt auf ein höheres, noch unerkanntes schließen.“*

Alexander Freiherr von Humboldt (1769–1859)
Weltreisender und Naturforscher

Wunder gibt es immer wieder

Erscheinungen der Gottesmutter Maria zählen zu den großen ungelösten Rätseln der Menschheitsgeschichte. Aus zwei Jahrtausenden liegen über tausend gut dokumentierte Berichte vor. Dazu gehören die berühmten Manifestationen 1531 in Guadalupe (Mexiko), 1858 in Lourdes (Frankreich) und 1917 in Fatima (Portugal). Sie werden vom Vatikan offiziell als „Göttliche Wunder" anerkannt.

Diese Phänomene ereignen sich entgegen landläufiger Meinung bis heute. Das Muster ist fast immer dasselbe: Kinder, Halbwüchsige oder „naiv veranlagte" Frauen und Männer – ihrer Unbefangenheit wegen für mediale Offenbarungen besonders empfänglich – begegnen einer geheimnisvollen Lichtgestalt. Diese vermittelt auf telepathischem Wege manchmal eine recht kryptisch klingende Botschaft. Meist zeigt sich die überirdische „Himmelskönigin" nur vor auserwählten „Seherkindern" und bleibt für andere Menschen unsichtbar.

Naturwissenschaftler stehen derartigen „Begegnungen" in der Regel skeptisch bis ablehnend gegenüber. Sie schreiben das angebliche Geschehen der Einbildungskraft der Betroffenen zu. Wie aber sind jene Vorfälle zu bewerten, bei denen nicht nur vermeintlich „auserwählte" Einzelpersonen das Unerklärliche bezeugen können? Was, wenn sich die „Dame in der Lichtwolke" über einen längeren Zeitraum dem staunenden Publikum zeigt und von Abertausenden Menschen wahrgenommen, fotografiert und gefilmt werden kann? Solche Ereignisse haben im digitalen Zeitalter mehrfach stattgefunden. Erstaunlicherweise weniger im Herzen der Christenwelt, sondern an Orten, wo man es nicht unbedingt erwarten würde – etwa in Ägypten.

LICHTPHÄNOMENE ÜBER ASSIUT

Wundersames geschah im Jahr 2000 in der Stadt Assiut in Mittelägypten. Im Spätsommer sorgte dort eine Lichtgestalt wiederholt für helle Aufregung. Alles begann

16

am Abend des 17. August 2000, als über der koptischen Sankt-Markus-Kirche „mysteriöse Lichter", „Tauben aus Licht" und eine „leuchtende, schwebende Gestalt" auftauchten. Nicht nur Christen, auch Muslime waren Zeugen des „himmlischen Wunders", fotografierten und filmten. Selbst Schenuda III. (1923–2012), damals Oberhaupt der Koptisch-Orthodoxen Kirche, erkannte nach eingehender Prüfung die Echtheit der Erscheinung an und bezeichnete sie als „Zeichen des Trostes und des Friedens". Der Segen für Ägypten erwies sich allerdings als trügerisch. Bis zum heutigen Tag kommt es in Assiut und anderswo in Ägypten immer wieder zu blutigen Auseinandersetzungen zwischen islamistischen Fundamentalisten und dem koptischen Bevölkerungsanteil.

Assiut liegt nur wenige Kilometer nördlich des Dorfes Deir Dronka. Hier befindet sich am westlich gelegenen Berghang das „Kloster der Heiligen Jungfrau Maria" mit Höhlen ehemaliger Einsiedler. Eine davon soll der Legende nach dem Jesuskind, Maria und Josef bei ihrer Flucht vor Herodes' Häschern mehrere Jahre ein sicheres Versteck geboten haben. Im Neuen Testament wird das Erscheinen eines Engels erwähnt, der Josef zur Flucht geraten

Die Heilige Familie bei ihrer Flucht nach Ägypten

hatte: „Steh auf, nimm das Kind und seine Mutter, und flieh nach Ägypten; dort bleibe, bis ich dir etwas anderes auftrage, denn Herodes wird das Kind suchen, um es zu töten." (Matthäus 2,13–14)

Die unfreiwillige Reise führte nach koptischen Quellen von Palästina aus über den Sinai ins Nildelta und weiter ins heutige Kairo. Erst nach dem Tod von Herodes, wiederum durch einen himmlischen Boten verkündet, kehrte die Heilige Familie zurück nach Galiläa. Als südlichster Fluchtort wird Assiut genannt. Noch heute ehrt die christliche Gemeinde den „Heiligen Unterschlupf" von Deir Dronka nahe Assiut, an dem sich immer wieder Wunder ereignen sollen.

Einen Wink zum Übernatürlichen gibt bereits die altägyptische Mythologie: Assiut, abgeleitet von Sauti (auf Deutsch „Wächter"), hat schon im Alten Reich der Pharaonen existiert. Es heißt, die Urstätte sei Geburtsort des schakalartigen Kriegs- und Totengottes Upuaut gewesen. Er wurde als Sohn des Osiris verehrt und war „der Leiter der Götter" auf dem Weg ins Himmelreich. Upuaut wiederum bedeutet „Wegöffner". Weltberühmtheit

Kloster Deir Dronka
bei Assiut

erlangte Upuaut 1993 durch das gleichnamige Mini-Roboter-Fahrzeug des deutschen Ingenieurs Rudolf Gantenbrink. Der Hightech-Einsatz führte zu spektakulären Entdeckungen in den sogenannten „Luftschächten" der Cheopspyramide.

Was stutzig macht: An bestimmten Plätzen dieser Welt scheint das Übersinnliche bevorzugt über Jahrtausende zu wirken. Ist die Region Assiut mit dem Göttermythos von Upuauts überirdischen Sesam-öffne-dich-Kräften so ein zeitloser Offenbarungsort? Sind in diesem Sinne „Marienerscheinungen" und ihre bizarren Begleitphänomene Türöffner in höhere, uns noch unbekannte Sphären?

Ungewöhnliches Leuchten
über Shoubra

DIE DAME IM LICHT

Das Mirakel der Marienerscheinungen trat bei vielen Orten in Ägypten auf, die in der westlichen Welt kaum bekannt sind: Edfu (1982), Shentana El Hagar (1997), Gabal Dranka (2001) und in Ägyptens Metropole Kairo. Hier zeigt sich die geheimnisvolle Lichtgestalt besonders gerne. Das Verblüffende: immer vor Tausenden Menschen unterschiedlicher Glaubensbekenntnisse!

In der Nacht des 25. März 1986 geschah dies im östlich des Nil gelegenen, dicht besiedelten Shoubra-Viertel. Nahe der El-Teraa El-Boolakia-Straße, umgeben von engen Gassen. Dort steht das kleine koptische Gotteshaus St. Demiana. Zunächst bemerkten Anrainer ein „ungewöhnliches Leuchten", das in ihre Wohnzimmer strahlte. Beim Blick aus dem Fenster erkannten sie „eine Wolke aus Licht, eine grelle Gestalt und zwei leuchtende Tauben", die neben den beiden Türmen der Kirche schwebten. Augenzeugen berichteten später, sie hätten schon Monate zuvor im Kuppelbereich der Kirche seltsame „Lichtblitze" wahrgenommen. Die Ursache dafür konnte nie geklärt werden. Erst mit dem plötzlichen Sichtbarwerden der leuchtenden Gestalt, die mehrmals verschwand und wieder auftauchte, ergaben die vorangegangenen Vorfälle einen Sinn: Die „Himmelskönigin" hatte ihren Auftritt offenbar geplant und angekündigt.

In Windeseile sprach sich das Unfassbare in Kairo herum. Es dauerte nicht lange und die Straßen von Shoubra waren durch eine große Menschentraube verstopft, die gebannt zum Kirchendach starrte. Für fromme Christen bestand im Augenschein der weiß gekleideten Frauengestalt kein Zweifel: Das ist die Jungfrau Maria, die Gottesmutter des Erlösers! Der „Dame im Licht" schien das Interesse an ihr zu gefallen, sie tauchte in den Folgemonaten immer wieder in unterschiedlichsten Facetten auf. Nicht nur in der Nacht, sondern vereinzelt am hellen Tag. Ihre Wesenheit soll manchmal von einem Halo aus transparentem Licht umhüllt gewesen sein, dann wieder mit einem Heiligenschein über ihrem Kopf. Oder es war nur eine undefinierbare „Lichtmasse" zu erkennen, die sich dann im Farbenspiel in eine menschenähnliche Form verwandelte. Fallweise wurden Begleitphänomene wie „Blitze", „Feuerzungen", „eine Taube aus Licht" und „veränderte Lichtstärken von milchig weiß bis gleißend hell" bemerkt. Die Dauer der Erscheinungen variierte. Oft war der himmlische Spuk nur flüchtig für wenige Sekunden sichtbar, dann wieder bis zu mehr als einer Stunde.

KOPTISCHE GEISTLICHE BEZEUGEN SPONTANHEILUNG

Während der Erscheinungen in Shoubra kam es zu spontanen Heilungen. Von einem spektakulären Fall berichtet die ägyptische Wochenzeitung *Watani* in ihrer Ausgabe vom 1. Juni 1986. Demnach war die damals sechsjährige Theresa Soliman Youssef seit einem Unfall auf dem rechten Auge blind. Ärztliche Dokumente bestätigen die Verletzung der Hornhaut sowie misslungene operative Eingriffe. Als das Mädchen am 18. Mai mit ihrer Mutter die Kirche St. Demiana besuchte, kam es zu einer überraschenden Wende: „Plötzlich wurde auf der rechten Seite des Altars ein stark leuchtendes Gebilde sichtbar. Die kleine Theresa hob die Hand in die Richtung der Lichtquelle, wischte sich dann mit der Handfläche über ihr bislang krankes Auge und schrie verzückt auf: „Mama, ich kann wieder sehen!'"

Anwesende Geistliche der koptischen Kirche können den Zwischenfall bezeugen. Ebenso der Mediziner Dr. Fayez Akhnoukh, der das Mädchen

Patriarch Schenuda III.; Bildnis an einer Hauswand

untersuchte, die Sehschärfe beider Augen testete und verblüfft feststellte, dass Theresa auf wundersame Weise genesen war. Der Vorfall fand Einzug in die päpstlich-orthodoxen Protokolle zur Ermittlung der Erscheinungsserie. Patriarch Schenuda III. hatte sofort nach ersten Berichten von Augenzeugen einen Untersuchungsausschuss mit hochrangigen Bischöfen veranlasst. Dieselbe Kommission wurde am 11. April 1986 selbst mit dem Unbegreiflichen konfrontiert, als sich die „Dame im Licht" zwischen 3 und 5 Uhr in der Früh über der Kirche zeigte. Die dortigen Erscheinungen dauerten bis 1991 an.

Rationalisten werden hinter den Geschehnissen menschliche Fehlschlüsse, Aberglaube oder sogar Scharlatanerie wittern. Doch weshalb sollte die Heilige Synode der koptischen Kirche „technische Spielereien" geduldet oder gar veranlasst haben? Das damit verbundene Risiko einer medialen Entlarvung wäre groß. Würde ein unterstellter päpstlicher „Marienbluff" publik werden, wäre die Glaubwürdigkeit des Kirchenregiments verspielt und die Folgen für die im Land ohnedies diskriminierte Religionsgemeinschaft unabsehbar. Schon deshalb zielt die Behauptung mancher Skeptiker, leuchtende Himmelserscheinungen seien allesamt „nichts weiter als Hirngespinste", ins Leere. Die Lichtphänomene in Shoubra sind gut bezeugt. Daran gibt es nichts zu rütteln. Eine unbekannte höhere Intelligenz scheint offenbar derartige Erscheinungen auszulösen. Ob es tatsächlich die überirdische Macht der Gottesmutter ist, bleibt freilich eine Frage des Glaubens und der Interpretation.

DIE FLUORESZIERENDE MADONNA
VON WARRAQ AL-HADAR

Wie überzeugend sind Fotos und Videos? Die Bilddokumente zu Shoubra sind als schlüssige Beweise leider wenig aussagekräftig. Der „Fälschungsvorwurf" schwingt bei der Kontroverse um Übersinnliches immer mit. Die Schwierigkeit, das Unerklärliche im Bild festzuhalten und wissenschaftlich zu analysieren, ist ähnlich problematisch wie bei behaupteten UFO-Kontakten oder flüchtigen Spukphänomenen. In den 1980er-Jahren glückten paranormale Schnappschüsse bestenfalls Profifotografen mit teuren hochempfindlichen Filmkameras. Heute, im Zeitalter digitaler Globalisierung, ist das anders. Eine Welt ohne Mobiltelefon mit Foto- und Videofunktion ist kaum mehr vorstellbar – auch in Ägypten. Am Abend des 10. Dezember

2009 gelang es erstmals eine „Marienerscheinung" zu filmen. Übersinnlicher Schauplatz: die koptische „Kirche der Jungfrau Maria und des Erzengels Michael" in Warraq al-Hadar im Verwaltungsbezirk Giseh, unweit der Pyramiden.

Gegen 20:30 Uhr wurde der Muslim Hassan auf ein starkes Licht aufmerksam. Zu diesem Zeitpunkt saß der junge Mann in einem Straßencafé neben der Kirche. Er vermutete, dass ein Kind auf einen Baum neben dem Eingang zum Gotteshaus geklettert war und mit einer Taschenlampe herumfuchtelte. „Doch dann wurde das Licht immer intensiver und schwebte vom Baum hinüber zur rechten Kuppel. Jetzt war die Form der Jungfrau Maria deutlich erkennbar. Ich beobachtete sie eine Zeit lang, dann filmte ich sie mit dem Handy, bis sie verschwand", versicherte Hassan der Tageszeitung *Al-Ahram*.

Nach Mitternacht hatten sich Tausende Schaulustige am Erscheinungsort eingefunden. Auch die kirchliche Obrigkeit war inzwischen über das „Himmelszeichen" informiert worden. Etwa drei Stunden lang konnte es gesehen und dokumentiert werden. In den Tagen darauf manifestierte sich die „leuchtende Madonna" erneut. Wie in Shoubra und ähnlichen Erscheinungen ungeklärter Lichtgestalten kam es auch in Warraq al-Hadar zu vielen Begleiteffekten: „wundersame Heilungen", „seltsame Lichtblitze", „das Auftauchen und Verschwinden eines sternartigen Himmelsobjektes" sowie „leuchtende Tauben, die plötzlich in der Luft erschienen". Am 13. Dezember 2009 war Bischof Anba Theodosius von Giseh ein prominenter Augenzeuge der ungewöhnlichen Vorkommnisse.

Es dauerte nicht lange, bis die ersten Filmschnipsel und Bilder im Internet auftauchten, wo sie seitdem für Kontroversen sorgen. Während Gläubige davon überzeugt sind, dass die strahlende Silhouette das Abbild der Gottesmutter zeigt, glauben Skeptiker eher an ein von Menschenhand gemachtes Spektakel. Sieht man sich die Aufnahmen an, fällt es in der Tat schwer, in der Lichtquelle die Jungfrau Maria zu erkennen. Das gleißend helle Licht umstrahlt alle Konturen und Details. Nur die Umrisse sind sichtbar und erinnern mit viel Fantasie an eine Frauengestalt mit Heiligenschein.

Kritiker geben überdies zu bedenken, dass die Position der Madonna auf den Filmen stets mit dem Kirchturm dahinter identisch ist. Ihr Verdacht: Die Energiequelle stammt aus dem Inneren des Turms, weil sich dort eine Lichtquelle befindet. Leuchtet das ein? Nicht zwingend. Im Kirchturm brennt des Öfteren ein Licht. Das war und ist für Einheimische nichts Außergewöhnliches. Zudem reicht die schwache Helligkeit eines beleuchteten Raums nicht aus, um die fluoreszierende Leuchtmasse auf den Handyclips zu erklären. Man müsste dort schon ein bengalisches Feuer entfacht haben, um die Menschen zu täuschen *(siehe Farbteil Seite 65 oben)*.

21

Die Erscheinungen
von Zeitoun

ERSTE WAHRNEHMUNG

Die Geschehnisse in Warraq al-Hadar erinnern verblüffend an eine frühere Serie von „Marienerscheinungen" im östlich des Nils gelegenen Kairoer Außenbezirk Zeitoun. Sie begann in der Nacht vom 2. auf den 3. April 1968 und fand jahrelang mehrere Male im Monat eine Fortsetzung. Wie 2009 im Fall „Warraq" war es auch dort ein Muslim, der „Maria im Licht" als Erster sah. Es geschah abends in der Toman-Bay-Straße, wo sich damals eine Busgarage der staatlichen Verkehrsgesellschaft befand. Einer der Mitarbeiter, der Wachmann Abed al-Aziz Ali, erblickte bei der Kuppel der kleinen „Kirche der Jungfrau Maria" etwas Unfassbares. Er rief aufgeregt den Mechanikern zu: „Seht, da oben auf dem Kirchendach! Eine weiß gekleidete Frau im Licht!" Die Männer befürchteten zunächst, dass sich ein Mädchen oder eine Nonne in selbstmörderischer Absicht in die Tiefe stürzen wolle. Feuerwehr und Polizei eilten zum Gotteshaus. Unterdessen verfolgte eine wachsende Menschenansammlung das bizarre Schauspiel.

Als sich Gestalt und Leuchtkraft der Erscheinung veränderten, sie frei in der Luft schwebte und eine Formation leuchtender Tauben über ihrem Kopf erschien, waren sich die Schaulustigen einig: Das ist die Jungfrau Maria, die Mutter des Lichts! Das Szenario hielt bis nach Mitternacht an, dann verschwand die Madonna ebenso plötzlich, wie sie aufgetaucht war. Doch sie kam wieder – Hunderte Male! Schon am nächsten Abend und an vielen Nächten darauf, ehe sie am 29. Mai 1971 endgültig verschwand.

ABERTAUSENDE AUGENZEUGEN

Hunderttausende Gläubige und Ungläubige haben die „Frau im Licht" damals erblickt. Bereits im Mai 1968 kommentierte das damalige koptisch-orthodoxe Oberhaupt, Papst Kyrillos VI. (1902–1971), die mysteriösen Ereignisse in einer Aussendung der Diözese Zeitoun: „Die Erscheinungen geschahen in vielen Nächten und setzen sich noch fort in unterschiedlicher Weise. Manchmal erscheint Maria in ganzer Größe und dann wieder als Büste, umrahmt von einem leuchtend hellen Heiligenschein. Zeitweilig wurde sie in den Öffnungen auf dem Dach der Kirche gesehen, dann auch wieder außerhalb der Kuppel, wo sie sich bewegte und über das Dach der Kirche und der Kuppel ging. Als sie vor dem Kreuz auf der Kirchenkuppel niederkniete, leuchtete das Kreuz in hellem Licht. Sie bewegte ihre Hände, nickte mit ihrem Haupt und segnete die Menschen. Manchmal sah die Erscheinung wie eine

Wolke aus, oder sie nahm die Form als Lichtgestalt an, wobei sich vor ihrem Körper leuchtende Objekte zeigten, die aussahen wie sehr schnell fliegende silbrig-weiße Tauben. Die Erscheinungen waren am Dienstag, dem 30. April 1968, über zwei Stunden zu sehen – von 2:45 Uhr bis zur Morgendämmerung gegen 5 Uhr. Tausende Menschen – Ägypter und Ausländer, Priester und Wissenschaftler – sahen diese Erscheinungen."

OFFIZIELLE ANERKENNUNG

Besonders pikant: Ein Komitee aus Bischöfen – beauftragt, Untersuchungen anzustellen – wurde selbst Zeuge des Übernatürlichen. Erzbischof und Kommissionsmitglied Anba Athanasius erinnert sich in einem von Pearl Zaki verfassten Buch, dass anfangs nur ein „fluoreszierendes Licht" wahrgenommen wurde: „Dann stand sie plötzlich da in voller Gestalt, schwebte fünf oder sechs Meter über der Kuppel, hoch im Himmel wie eine phosphoreszierende Statue, aber keineswegs starr. Ihr Körper und ihre Kleidung bewegten sich. Von allen Seiten drängten die Menschen zur Kirche. Der Zaun wurde von der Menge einfach niedergetrampelt."

Die koptische Kirche hat die Erscheinungen von Zeitoun als „göttliches Wunder" offiziell anerkannt. Der katholische Kardinal Stéphanos I. Sidarouss (1904–1987) sowie der Leiter der evangelischen Kirche in Kairo, Pastor Dr. Ibrahim Said, folgten dieser Einschätzung: „Die Erscheinungen sind echt und glaubwürdig!"

Was gleichermaßen erstaunt: Die Erscheinungskirche von Zeitoun war bereits 1925 vom Landbesitzer Taufik Khalil Ibrahim errichtet worden. Als Vorbild diente die Hagia Sophia in Istanbul. Die „Kirche der Jungfrau Maria von

Die Erscheinungen von Zeitoun machten 1968 international Schlagzeilen.

Zeitoun" sollte eine Miniaturausgabe der byzantinischen Kathedrale werden. Dafür gab es angeblich eine erklärte Anweisung aus höheren Sphären. Ibrahim hatte eine Vision, in der ihm die „Heilige Jungfrau Maria" erschienen war. Sie soll ihn zum Kirchenbau gedrängt und ihm versprochen haben, an dem vorbestimmten Platz nach Jahrzehnten wieder zu erscheinen *(siehe Farbteil Seite 68 links unten)*.

FOTOBEWEISE UND TAUBENRÄTSEL

OBEN: *„Lichtwolke"*
über Kairo 1968

UNTEN: *Gespenstische*
Muttergottes:
Aufnahme aus der
Erscheinungsserie von
Zeitoun 1968–1971

Was die Vorfälle in Zeitoun noch interessant macht: Hier glückte es Zuschauern erstmals, Fotobelege einer „Marienerscheinung" zu produzieren. Die ägyptische Tageszeitung *Al-Ahram* veröffentlichte dazu 1968 in ihren Ausgaben vom 27. April und 5. Mai ausführliche Bildberichte. Eine Aufnahme von Wagih Rizk ist ein berühmtes Zeitdokument: Sie zeigt das schwebende „Lichtgebilde" neben der Kirchenkuppel. Die überzeugendsten Bildbeweise

stammen vom Fotografen Fawzy Mansur und von Ali Ibrahim, einem Leiter des Ägyptischen Museums in Kairo. Ihre Fotos wurden von Bildtechnikern nach streng wissenschaftlichen Methoden untersucht, ohne dass ein Hinweis auf Fehler oder Betrug gefunden werden konnte. Auch eine elektrische Quelle für eine künstlich erzeugte Gestalt konnte ausgeschlossen werden. Schon deshalb, weil mehrfach während der Erscheinungen in den umliegenden Stadtwerken absichtlich der Strom zu Testzwecken abgeschaltet wurde – das Lichtwesen aber weiterhin präsent blieb. Ein technischer Trick mittels eines Generators, der Lichteffekte auf die Wolkenbänke projiziert haben könnte, kam ebenso nicht infrage. Die geknipste „Himmelskönigin" war offenbar „dreidimensional" und aus sich heraus „selbstleuchtend". Und das so stark, dass sich ihre Leuchtkraft in der Kameralinse spiegelte und die Kirchenkuppel samt Publikum erhellte.

Zu diesem Ergebnis kam auch der US-Bildanalytiker und Physiker Professor John Jackson. Er überprüfte die Aufnahmen in einem Speziallabor der *United States Air Force Academy* in Colorado

Springs, konnte aber ebenfalls nicht die geringste Spur einer Manipulation finden. Sein Fazit: Bei den ungewöhnlichen Phänomenen in Zeitoun handelt es sich entweder um ein unkonventionelles, ein paranormales oder ein überirdisches Ereignis mit physikalisch beobachtbaren Merkmalen.

MYSTERIÖSE FLUGOBJEKTE

Was ebenfalls stutzig macht: Die Erscheinungsserie wurde von vielen Phänomenen begleitet, die als Teil des UFO-Spektrums bekannt sind: leuchtende Wolkengebilde, blitzartige Lichter; fliegende Lichtkugeln in Formation oder sternförmige Objekte, die sich mit hoher Geschwindigkeit fortbewegen. Besonders merkwürdig sind Berichte und Fotos von „vogelähnlichen Flugobjekten". Sie tauchen einzeln oder als Gruppe immer wieder im Kontext mit Marienerscheinungen auf. Für Gläubige sind es Symbole der „Friedenstaube", „Sinnbilder des Heiligen Geistes" oder „spirituelle Wesen". Kurioserweise verhielten sich diese „Tauben" bisher nie wie natürliches Federvieh: „Sie sind größer und aus Licht, leuchteten silbrig und bewegten sich, ohne mit den Flügeln zu schlagen", beteuern Augenzeugen. Irrlichter oder Hologramme aus dem Hyperraum?

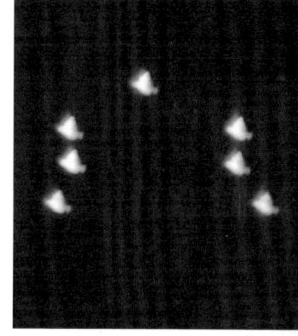

Patriarch Schenuda III., der Nachfolger von Kyrillos VI., äußerte sich zum „Taubenmysterium" bewegt: „Sie erscheinen, leuchten und entsprechen keinen natürlichen Tauben. Das Licht, das sie ausstrahlen, ist großartig und wunderschön, es ist aber nicht wie jedes normale Licht." Das koptische Oberhaupt ortete ihren Ursprung im Himmelreich: „Wir leben in einer materiellen Welt auf der Erde. Es existiert aber noch eine andere übergeordnete spirituelle Welt. Diese andere Sphäre nennt man die Welt des Lichtes mit himmlischen Bewohnern."

Die koptische Kirche bezeichnet die Jungfrau Maria selbst als „die schöne Taube". Hierbei wird an die Taube erinnert, die zur Zeit Noahs am Ende der Sintflut mit einem Olivenzweig zurückkehrte. (Genesis 8,11) Oliven sind wiederum ein Symbol des Friedens. Und Zeitoun, der alte arabische Name für den Kairoer Vorstadtbezirk, bedeutet übersetzt „Olive"!

Leuchtende, vogelähnliche Flugobjekte während der Erscheinungsserie von Zeitoun

LOKALAUGENSCHEIN IN ZEITOUN

20. Oktober 2015: Ein sonniger Nachmittag in Kairo. Mit meiner Partnerin Elvira und unserem Freund, dem einheimischen Ägyptologen Dr. Ahmed M. Osman, befinde ich mich im Kairoer Verkehrsgetümmel. Per Auto sind wir unterwegs zu einer der mysteriösesten Marienstätten der Neuzeit. Eingekeilt zwischen ohrenbetäubend lauten Schrottkarren, blökenden Kamelen und gestikulierenden Marktleuten. Vorfahrt hat, wer am lautesten hupt. Unfälle sind an der Tagesordnung. „Ein Wunder, dass ich noch lebe", übe ich mich in Galgenhumor.

„Festhalten!" Eine Vollbremsung reißt mich aus meinen Gedanken. Beinahe hätte uns ein klappriger Bus gerammt. „Keine Angst, jetzt wird es angenehmer", grinst unser ägyptischer Begleiter schelmisch, als er uns über ein paar Schlaglöcher Richtung Flughafen weitersteuert. Nach mehr als einer halben Stunde erreichen wir unser Ziel im Kairoer Außenbezirk Zeitoun. Endlich! Vor Elvira und mir erhebt sich hinter drei Meter hohen Mauern die große Marienkathedrale, bewacht von bewaffneten Sicherheitskräften. Sie thront exakt an jener Stelle, wo 1968 muslimische Handwerker die „Lichtgestalt" erstmals bemerkt hatten.

IN DER KATHEDRALE

Bei der Pforte gibt es Probleme. Ahmed wird der Eingang verweigert! Als Muslim darf er nicht hinein. Das irritiert, denn tags davor hatten wir „ungläubigen" Europäer problemlos das Innere mehrerer Moscheen in Alt-Kairo besucht. Nach einem Sicherheitscheck und der erneuten Bestätigung, dass wir wahre Christen seien, dürfen zumindest wir passieren. Zwei „Aufpasser" begleiten uns über eine Treppe zum Portal, öffnen das Kirchentor und schenken uns gnädig eine halbe Stunde für die Besichtigung. Wir betreten das majestätische Kirchenschiff, das bis zu 2000 Gläubigen Platz bieten könnte. Wir sind die einzigen Besucher.

Ich suche nach Darstellungen der Marienerscheinungen und finde sie im Chorbereich auf der linken Seitenwand, knapp unter der Kuppel. Hier ist die Erscheinungsstätte gleich dreimal als zeitgenössisches Fresko verewigt worden. In der Mitte mit einer überdimensional großen Jungfrau Maria, die ihre segnenden Hände ausbreitet. Links davon sind ein mysteriöses „Wolkengebilde" und „weiße Tauben" abgebildet. Und ganz rechts erblicken wir das Haus Mariens mit der schemenhaften „Lichtgestalt". Es sind die einzigen Gemälde in der Kathedrale, die an die Ereignisse von 1968 erinnern *(siehe Farbteil Seite 66)*.

OBEN:
Die Kathedrale
von Zeitoun

UNTEN:
Deckenfresko in
der Kathedrale

SONDERBARE RELIQUIENKAMMER

Unsere „Leibwächter" deuten auf die Uhr. Wir haben gesehen, was wir wollten, und pilgern weiter. Zum Ausklang erhalten wir das Angebot, die Prunk-
räume des verstorbenen Patriarchen Schenuda III. zu besichtigen. Man
zeigt uns den kurzen Fußweg zum koptischen Verwaltungsgebäude hinter
der Kirche. Im ersten Stock betreten wir die mit allerlei Pomp überladene
Reliquienkammer. Auf dem vergoldeten Sterbebett seiner Heiligkeit liegen
gefaltete Papierstückchen. Fürbitten, die fromme Seelen hinterlassen haben.
Ausgestellt sind Gewänder und Gebrauchsgegenstände aus dessen Amts-

*Reliquienkammer
des koptischen Papstes
Schenuda III.*

zeit, vom kirchlichen Telefon bis zu heiligen Teetassen. Daneben Urkunden und
Kugelschreiber, die dem Patriarchen zur
Unterzeichnung päpstlicher Schriftstücke
dienten. Originell sind Kunstwerke, die
Schenuda III. verklärt darstellen. Auf einem der Gemälde sieht man den Patriarchen im Krankenbett mit Heiligenschein.
Vor ihm die himmlische Erscheinung Marias. Wir sagen „Vergelt's Gott" und steuern
die wahre Erscheinungsstätte im Garten
auf der gegenüberliegenden Straßenseite
an *(siehe Farbteil Seite 65 rechts unten).*

DIE ERSCHEINUNGSKIRCHE

Das Betreten des schmucken Kirchleins offenbart ein ganz anderes Bild als jenes in der großen Kathedrale. Hier tummeln sich auch jede Menge Gläubige,
die „Maria im Licht" huldigen. Gleich nach dem Portal bilden sich Warte-
schlangen. Das Innere der Erscheinungskirche ist mit Ikonen der Heiligen
Jungfrau und dem Erlöser, den Evangelisten sowie christlichen Märtyrern
geschmückt. Überragendes Zentralmotiv ist das blaue Deckenfresko unter
der Kirchenkuppel. Es zeigt die Gottesmutter im Sternenhimmel. Die überirdische Dame blickt samt Heiligenschein herab zu den Gläubigen und hat
beide Arme rechtwinkelig nach oben gerichtet. Ihre Armhaltung entspricht
der Hieroglyphe „Ka" und steht für „Lebenskraft". Die erhobenen Hände
galten im Alten Ägypten als Zaubergeste, um böse Mächte abzuwehren,
waren aber ebenso ein Aspekt des Überirdischen, das den Tod eines Menschen überdauert.
Das erinnert mich an alte Darstellungen, die den ägyptischen Schöpfergott
Chnum zeigen, wie er mit „Ka-Magie" auf der Töpferscheibe Menschen
formt und ihren geklonten Astralkörper gleich mit. Berühmt ist die Holzstatue des Pharaos Hor I. (13. Dynastie, um 1732 v. Chr.) im Ägyptischen
Museum in Kairo. Der König trägt auf seinem Haupt das geistig-seelische

Kraftzeichen „Ka". Es bleibt ungewiss, ob die analoge Gestik von Maria in der Erscheinungsstätte vom Künstler beabsichtigt war oder doch nur auf unbewusstem Gleichklang beruht *(siehe Farbteil Seite 67 oben)*.

Der heilige Baum von El Matarija

Der Verdacht, dass die Ursachen und Hintergründe von „Marienerscheinungen" bereits in vorchristlichen Epochen ihren Anfang genommen haben könnten, scheint mir nicht abwegig. Ein Indiz dafür liefert ein heiliger Ort, der nur zwei Kilometer von der Wallfahrtskirche in Zeitoun entfernt liegt: der Marienbaum von El Matarija. Der Legende nach ein weiterer Platz, wo die Heilige Familie auf ihrer Flucht aus Judäa eine Zeit lang wohnte: heute eine von Mauern umfriedete Gartenoase, die von Wachpersonal geschützt wird. Dank ägyptischer Begleitung dürfen wir in den heiligen Bezirk. Hier finden sich Spuren einer Süßwasserquelle sowie die Überreste des legendären Marienbaumes, der bereits Jesus, Maria und Josef Schatten gespendet haben soll.

Der Urbaum soll vor über 2000 Jahren geblüht haben. Bereits Kleopatras Balsamgärten haben an diesem Platz verführerisch geduftet. Die Überlieferung erzählt, dass der Marienbaum mit jenem mythischen Baum identisch sei, unter dem bereits Jahrhunderte zuvor die altägyptische Isis (Göttin der Magie, Geburt und Wiedergeburt) den vom toten Osiris empfangenen Horusknaben gesäugt habe. Götterdichtung? Oder übernahmen orthodoxe Kleriker eine mystisch-fromme Vorstellung, die bereits lange Zeit zuvor an diesem heiligen Ort existierte?

Als wir vor dem Wunderbaum stehen, stockt uns der Atem: Leider war an der uralten, denkmalgeschützten Sykomore (auch „Maulbeer-Feige" oder „Esels-Feige") um 2013 ein grauenvoller Vandalenakt verübt worden, entwe-

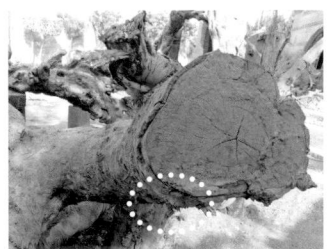

der im Auftrag der Behörden, von dilettantischen Stadtgärtnern oder fanatischen Islamisten. Irgendwann in diesem Zeitraum wurden von irgendjemandem große Teile des heiligen Baumes mittels Kettensäge abgesägt.

Ein Frevel sondergleichen, der weitgehend unbemerkt von der Öffentlichkeit geschah.

Immerhin: Als wir die geschändete Stätte besuchen, keimen frische grüne Zweiglein auf dessen verstümmelten Überresten. Für uns ein kleines Wunder, denn der Baum galt bereits als abgestorben *(siehe Farbteil Seite 67 unten)*.

SELBSTPRODUZIERTER FOTOSPUK?

Metaphysisch mutet noch etwas an: Gleich neben dem Marienbaum steht ein Gebäude, das als kleines Museum dient. Hier sind die Fluchtroute und die Aufenthaltsorte der Heiligen Familie mittels Bildern und einer Landkarte rekonstruiert. Ich habe in dem Häuschen fleißig fotografiert. Wieder daheim in Wien sticht mir bei der Durchsicht der Reisebilder ein Foto ins Auge. Es zeigt in der Bildmitte unten einen gleißenden Lichtfleck mit Halo. Hatte ich in El Matarija eine „Erscheinung" dokumentiert? Oder einen Geist geknipst? Vermutlich gibt es eine irdisch-vernünftige Erklärung dafür. Am ehesten wohl eine Spiegelung. Doch dort, wo das grelle Lichtgebilde hinweist, gab es weder am Boden noch an anderer Stelle eine Lichtquelle, die den Effekt hätte auslösen können. Wunderlich ist dies allemal *(siehe Farbteil Seite 68 oben)*.

OBEN: *Statuette der altägyptischen Göttin Isis mit dem Horusknaben*

LINKS: *Vergilbte Postkarte aus dem 19. Jahrhundert: So hat der Baumriese einst ausgesehen.*

MITTE: *Seit 2015 keimt der Marienbaum wieder neu.*

Kosmische Spuren

SESCHAT UND DER ISCHED-BAUM

Sowohl die Erscheinungsstätte Zeitoun als auch der Marienbaum befinden sich auf geschichtsträchtigem Boden. Beide Plätze liegen innerhalb der legendären „Sonnenstadt", die im Alten Testament „On" genannt wird. Damit ist der uralte Verehrungsort Heliopolis gemeint, wo der Überlieferung nach die Weltschöpfung stattfand, der Sonnengott Re mit seinen Urgöttern erstmals erschien und später wieder zum Himmel zurückkehrte. Anders ausgedrückt: Hier in diesem Vorort von Kairo liegt der geistig-religiöse Anfang Ägyptens und seiner Götterwelt. Offenbar sind hier seit jeher himmlische Wesen erschienen – als befände sich in der Umgebung eine Art „Sternentor" zu fremden Welten.

Der heilige Baum von Heliopolis mit Thot und der Göttin Seschat

Dazu gibt es eine mythologische Verknüpfung zu einer geheimnisvollen Göttin namens Seschat. Sie ist das weibliche Pendant des himmlischen Lehrmeisters Thot und wurde im Altertum als Göttin der Weisheit, der Schreibkunst und der Zeitmessung geschätzt. Sie wird auch „Herrin der Baumeister" genannt, weil sie den vorbestimmten Bauplatz für Heiligtümer festlegte. Bei diesen Zeremonien spielte ein wundersamer Baum eine besondere Rolle, der schon zu Beginn der ersten Pharaonendynastien im Bereich des Sonnentempels von Heliopolis große Verehrung genoss. In den Mythen wird er als „Isched-Baum" bezeichnet. Auf seinen Blättern sollen die Regierungsjahre der Könige verzeichnet gewesen sein.

Neben der geografischen Gemeinsamkeit zum Marienbaum von Matarija gibt es auch eine kosmologische: „Der Name der Göttin Seschat ist ebenso wenig erklärbar wie der Gegenstand, den sie als Abzeichen auf dem Kopf trägt und der nach alten Darstellungen ursprünglich die Göttin selbst gewesen ist", notieren die Fachexperten Wolfgang Helck und Eberhard Otto in ihrem „Wörterbuch der Aegyptologie".

Gemeint ist ein siebenstrahliger Stern, über dem sich ein mondsichelförmiger Halbkreis mit zwei senkrechten Spitzen erhebt. Was war ursächlich damit gemeint? Eine Art Heiligenschein? Seschat ist oft in einem Kleid abgebildet, das mit Sternenmotiven übersät ist. Dabei hält sie manchmal einen Stab in einer Hand, der als Zeichen für „Unendlichkeit" und „Wiedergeburt" gedeutet wird. Attribute, die man ebenso aus mancher Ikonografie der Jungfrau und Himmelskönigin Maria kennt.

„Wo lassen sich noch sichtbare Überreste der einstigen Götterstadt Heliopolis entdecken?", frage ich unseren Ägyptologen. „Außer Schutthügeln, Gruben und brüchigen Granitblöcken ist als einziger Zeuge nur ein Obelisk erhalten", bedauert Ahmed. Wir wollen ihn sehen, zumal er nur wenige Hundert Meter vom Marienheiligtum El Matarija entfernt steht. Es geht vorbei an Trümmerschutt und mit Graffiti bemalten Mauern, dann stehen wir vor einer archäologischen Sperrzone. Das Betreten ist nur mit Sondergenehmigung möglich. Mithilfe unseres Ägyptologen gelingt es immerhin, dass wir ein paar Meter hinter die verbotene Zone dürfen und bescheidene Einblicke der Ausgrabungsstätte erhalten. Hier im antiken Heliopolis wurden zahlreiche Pfeiler zu Ehren des Sonnengottes aufgestellt. Viele wurden bereits in der Antike verschleppt oder zerstört. Beispielsweise stammt der Obelisk auf der Piazza del Popolo in Rom aus Heliopolis. Am originalen Schauplatz steht heute nur mehr der über zwanzig Meter hohe Obelisk von König Sesostris I. aus dem früheren Mittleren Reich. Im Zuge von Ausgrabungen kam vor Jahren ein weiterer von König Teti zum Vorschein, der zerbrochen im Gelände liegt *(siehe Farbteil Seite 68 rechts unten)*.
Derzeit haben die Behörden mit findigen Grabräubern zu kämpfen. Unser Altertumsexperte verrät, dass es bereits zu mehreren Verhaftungen gekommen sei. Davon legen abbruchreife Häuser Zeugnis ab. Sie wurden illegal ohne Baugenehmigung errichtet, oft nur deshalb, um unbeobachtet in den Kellertiefen einen Tunnel ins Grabungsgelände zu buddeln. Kriminelles Ziel sind Schätze aus der Pharaonenzeit, die man am Schwarzmarkt zu verhökern hofft.
Für die Archäologen ist es oft ein Wettlauf mit der Zeit. Die größten Teile des antiken Heliopolis sind längst verbaut. Die noch wenigen freien Flächen und Grundstücke, darunter auch der Platz um den Obelisken Sesostris' I., hat die Altertümerverwaltung gekauft und ummauert. Grabungsmüde sind die Archäologen nicht. Sie vermuten, dass noch viele Geheimnisse tief unter dem Erdreich im Verborgenen schlummern und auf ihre Entdeckung warten. Noch gesucht werden im Heliopolis-Bezirk die Ruinen des in der ägyptischen Mythologie bedeutenden Atum- und Re-Harachte-Sonnentempels sowie das „Haus des Benu-Vogels". Was damit ursprünglich gemeint war, können auch Ägyptologen nicht mit Bestimmtheit erklären. Fest steht nur, dass der Mythos von Benu mit der Phönix-Legende verbunden ist. Demnach erschien der „Vogel des Lichts" im Tempel des Sonnengottes von Heliopolis, verbrannte hier in der Glut der Morgenröte und stieg aus seiner eigenen Asche verjüngt wieder zum Himmel empor. Alle 500 Jahre soll sich dieses Wunder wiederholen.
Erinnern wir uns: Sämtliche Marienerscheinungen im Großraum Kairo wurden von „leuchtenden Vögeln", mutmaßlich „silbrig-weißen Tauben", begleitet. Gemeinsame Auffälligkeiten zwischen Erscheinungen, die Jahrtausende voneinander trennen, werden Skeptiker als „Zufall" abtun. Es

Die Heliopolis-Ausgrabungsstätte, derzeit archäologische Sperrzone

könnte aber ebenso gut ein Indiz dafür sein, dass sich übersinnliche Phänomene über lange Zeiträume in verschiedenen Facetten offenbaren. Und es könnte darüber hinaus bedeuten, dass manche Erscheinungen zu bestimmten Zeiten immer wieder an ortsgebundenen Heiligtümern geschehen.

KÜNSTLICH ERZEUGTE „WUNDER"?

Paläo-SETI-Forscher und Geologe Dr. Johannes Fiebag (1956–1999)

Wer oder was „aktiviert" himmlische Wunder? Sind es tatsächlich Gottesbeweise? Oder überirdische Eingriffe? Könnten Eindringlinge aus der Zukunft, aus fremden Welten oder noch unerforschten höheren Dimensionen damit zu tun haben? Fantastische Fragen, die dem 1999 verstorbenen Naturwissenschaftler Dr. Johannes Fiebag schlaflose Nächte bereiteten. Seine Studien führten gemeinsam mit seinem Bruder Peter Fiebag zu einer neuen Bewertung der Marienerscheinungen und UFO-Phänomene. Demnach könnten sie Produkte einer „fremden Intelligenz" sein, die fähig ist, uns zu besuchen, und einen technologisch so fortgeschrittenen Standard besitzt, der jenseits unserer Vorstellungen liegt. Anders ausgedrückt: Eine unbekannte Superintelligenz versucht mit uns in Kontakt zu treten, indem sie sich auf das „primitive" menschliche Niveau hinabbegibt. Diese Kommunikation läuft auf verschiedenen Ebenen ab, wobei das „Anzapfen" unseres kollektiven Unbewussten die wichtigste Ebene ist. Die E.T.s passen sich laut dieser Theorie also menschlichen Vorstellungen, Fantasien, Ängsten, Hoffnungen und der jeweiligen intellektuellen Entwicklung unterschiedlicher Zeiten und Kulturen an.

Johannes Fiebag bezeichnete dieses Verhalten, entlehnt aus der Biologie, als „Mimikry". Damit gelingt es Tieren, durch „Anpassung" und „Tarnung" etwas vorzugeben, was sie in Wirklichkeit gar nicht sind. Übertragen bedeutet dies, eine außerirdische Intelligenz steht in Wechselwirkung mit unserer Psyche und erzeugt scheinbar unerklärliche Phänomene. Wir blicken dabei in einen Art Spiegel, den man uns vorhält, während der wahre Verursacher stets im Verborgenen bleibt.

Eine außerirdische Superintelligenz, die „religiöse Wunder" bewirkt? Das muss für jeden strenggläubigen Menschen als Gotteslästerung verstanden werden. Folgt man Fiebags provokanter These dennoch, stellt sich eine zentrale Frage: Weshalb in Gottes Namen soll sich eine höhere Macht als leuchtendes Engelwesen oder Gottesmutter tarnen? Warum zeigt sie nicht ihr wahres Gesicht?

Johannes Fiebag vermutet, dass die Erzeugung religiöser Erscheinungen im Sinne „objektiver Projektionen" einer fremden Intelligenz ein Optimum an verdeckten Eingriffen auf der Erde verschaffen würde. „Die Informationen, die wir erhalten, sind in bildhaften Vorstellungen ‚verpackt', und zwar in solchen, die wir selbst uns zu einem gegebenen Zeitpunkt vom Phänomen bzw. von der außerirdischen Intelligenz machen", erklärte mir Fiebag 1997 in einem Interview und ergänzte: „Auf diese Weise wird gewährleistet, dass a) es während des Kommunikationsprozesses, der letztlich schon über die gesamte Menschheitsgeschichte hin andauert, zu keinen kulturell-religiösen Schockreaktionen kommt, weil das Erscheinungsbild der Fremden uns immer irgendwie ‚vertraut' ist, und b) uns symbolisch verschlüsselte Informationen erreichen, die wir erst zum ‚richtigen Zeitpunkt' werden ‚lesen' können."

Ob man die außerirdische Einmischung in die Entwicklungsgeschichte der Menschheit für Utopie hält oder nicht, einen Vorteil hätte die religiöse Alien-Tarnaktion auf jeden Fall: Göttlichen Erscheinungen wird selten widersprochen!

Himmlische Erscheinungen seit Menschengedenken

STEINE
DER HEILIGEN
UND GÖTZEN

Von Himmelssteinen, Mirakelsteinen
und versteinerten Launen
in der „12-Apostel-Zeche"

„Glaube mir, ich habe es erfahren,
du wirst ein Mehreres in den Wäldern finden als in den Büchern;
Bäume und Steine werden dich lehren,
was kein Lehrmeister dir zu hören gibt."

Bernhard von Clairvaux (1090–1153)
frz. Mystiker, Zisterzienserabt und Kirchenlehrer

Göttersteine und ihre Mythen

Bereits in grauer Vorzeit war die Verehrung rätselhafter Steine von der Aura des Göttlichen und Überirdischen umgeben. Manchem uralten Wunderstein wird eine außerirdische Herkunft zugeschrieben. Die Mythen vieler Völker erzählen von „fliegenden Steinen", die einst vom Himmel zur Erde fielen oder von engelhaften Wesen hierhergebracht wurden. Die fremden Relikte sind an heiligen Plätzen in Tempeln verehrt worden oder galten als „beseelte Wohnstätte" eines bestimmten Gottes. Es heißt, Orakelpriester der Antike konnten die in diesen „Göttersteinen" innewohnende Magie aktivieren, um mit überirdischen Ratgebern in Kontakt zu treten. Der Omphalos-Stein im Apollon-Heiligtum in Delphi, der altägyptische Ur-obelisk Benben in Heliopolis, der Chaabu-Stein der Nabatäer im jordanischen Petra, der schwarze Götterstein des antiken Sonnengottes Elagabal aus der syrischen Stadt Emesa (heute Homs) oder der Lingam-Stein des Hindugottes Shiva sind bekannte Beispiele dafür.

SEITE 34: *Fieberstein*

OBEN: *Der Elagabal-Tempel von Emesa mit dem heiligen Stein auf einer Münze des 3. Jahrhunderts*

UNTEN: *Darstellung des schlafenden Jakob mit der Himmels-leiter im Hintergrund (Lutherbibel, um 1534)*

DIE BIBLISCHE HIMMELSLEITER

Obwohl sich das Alte Testament gegen Steinkulte wendet, findet sich ebenso in der Bibel die uralte Vorstellung vom Stein als „Gottes Haus". Im 1. Buch Mose (Gen 28, 11–22) wird eine Begebenheit geschildert, die sich nördlich von Jerusalem im 18. Jahrhundert v. Chr. zugetragen haben soll.
Demnach schlief Patriarch Jakob (der Enkel des legendären Abraham, den

36

Judentum, Christentum und Islam als Stammvater ansehen) auf einem Stein ein. In der Nacht erfasste ihn die Vision einer Himmelsleiter, auf der „Engel Gottes auf- und niederstiegen." Nichts mehr als ein Traumgespinst, würden Psychologen heute versichern. Aber woher will man das felsenfest wissen? Jedenfalls wachte Jakob am nächsten Morgen erschrocken, aber mit einer neuen Erkenntnis auf: „Ja, das ist der Wohnsitz Gottes und die Pforte des Himmels!" Der Traum muss für ihn sehr real gewirkt haben. Wie sonst wäre es zu erklären, dass Jakob vor lauter Ehrfurcht den Stein, der ihm als „Kopfpolster" diente, mit Öl salbte? Jakobs Gelübde lautete: „... Dann soll der Stein, den ich als Steinmal aufgestellt habe, ein Gotteshaus werden." Den Erscheinungsort, der früher Lus hieß, nannte er Bet-El. Es ist der hebräische Begriff für „Gotteshaus" und ebenso für Steine, die mit dem Göttlichen in Verbindung stehen oder selbst als „nicht irdisch" verehrt wurden.

Die „Skystones" aus Sierra Leone

Der Glaube, dass Steine den heiligen Platz einer himmlischen Erscheinung markieren und als Mittlerfunktion zwischen Menschen und einer höheren Gottheit dienen, beschränkt sich nicht auf das Altertum. Eine Mythologie über „Menschen in Stein" und „Himmelssteine" wird bei den westafrikanischen Volksgruppen der Mende, Kono und Kissis in Sierra Leone noch heute

Nomoli-Stein-skulpturen un-bekannter Herkunft

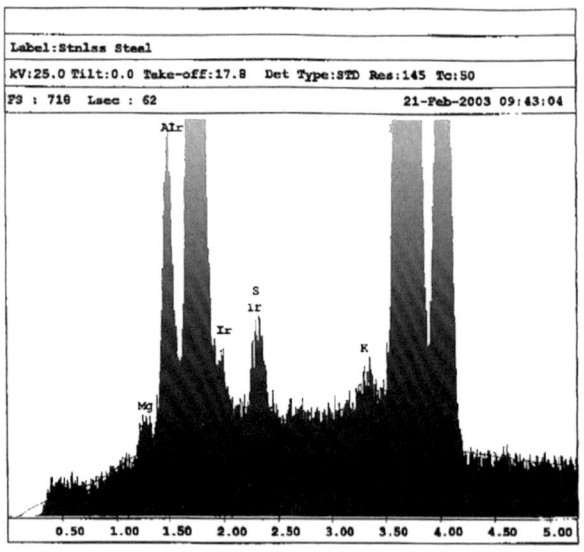

```
Label:Stnlss Steal
kV:25.0 Tilt:0.0 Take-off:17.8  Det Type:STD Res:145 Tc:50
FS : 718  Lsec : 62                     21-Feb-2003 09:43:04
```

EDAX ZAF Quantification (Standardless)
Element Normalized
SEC Table : Usar c:\edax32\eds\genusar.sec

Element	Wt %	At %	K-Ratio	Z	A	F
MgK	1.79	2.38	0.0098	1.0287	0.5200	1.0186
AlK	9.60	11.50	0.0620	0.9989	0.6291	1.0285
SiK	63.47	73.07	0.3749	1.0284	0.5734	1.0018
IrM	13.85	2.33	0.0531	0.7977	0.4801	1.0002
S K	7.61	7.67	0.0195	1.0208	0.2503	1.0008
K K	3.68	3.05	0.0162	0.9852	0.4478	1.0000
Total	100.00	100.00				

Die „Skystone"-Analyse zeigt einen hohen Iridiumgehalt.

„lebendig" gehalten. Bizarr aussehende Steinskulpturen, Nomoli genannt, kamen überraschend bei Feldarbeiten und bei Grabungen nach Diamanten zum Vorschein. Die merkwürdigste Figur wurde in einer Tiefe von 50 Metern entdeckt und enthielt in ihrem Inneren eine Metallkugel, die nur wenige Zentimeter misst. Alter und Herkunft der zehn bis 40 Zentimeter großen Figuren sind nicht geklärt. Die Einheimischen, vorwiegend muslimische Sunniten, behaupten, dass die Skulpturen „himmlische Wesen" verkörpern, die vor Urzeiten in göttliche Ungnade fielen. Allah hätte die frevelhaften Engel erzürnt in Steine verwandelt und zur Erde verbannt. Der Mythos berichtet weiter, dass der „Himmel", den diese Wesen bewohnten, ebenfalls zu Stein erstarrte und in Form von Trümmern auf die Erde fiel. Selbst die Sterne, die sich in diesem „Himmel" befanden, sollen im göttlichen Zorn zerstört worden sein.

Mit der Überlieferung werden blaue Gesteinsbrocken verknüpft, sogenannte „Skystones". Die Steine wurden besonders zahlreich im Umfeld der Hauptstadt Freetown gefunden. Proben davon sind an Instituten und Universitäten in Genf, Rom und Wien mittels Röntgenstrahlung analysiert worden. Das Ergebnis überrascht: Die Steine sind keine natürlichen, sondern *künstlich* geschaffene Produkte *(siehe Farbteil Seite 69 oben)*.

Mineralogen nehmen an, dass gebrannter Kalk mit blauer, organischer Farbe eingefärbt und mit Wasser vermischt wurde. Wie aber kommen große Mengen dieses blauen Materials ins tiefe Erdreich? Der Verdacht der Experten: Die Steine könnten durch eine industrielle Fehlproduktion entstanden sein. Kalkgruben wurden vielleicht absichtlich oder durch einen Erdrutsch zugeschüttet. Dort blieben die Steine dann jahrzehntelang verborgen, ehe sie bei Grabungen wiederentdeckt wurden und mit der alten Legende verschmolzen.

So lautet kurz gefasst die These. Was die Wissenschaftler allerdings nicht erklären können: Wieso enthalten die Fundstücke Iridium? Das chemische Element kommt nur in sehr geringer Konzentration auf der Erde vor. Erhöhte Mengen finden sich hingegen in Sedimentschichten, die mit einem Meteoriteneinschlag im Zusammenhang stehen. Vergleichsfunde zu den „Himmelssteinen" sind nirgendwo bekannt. Niemand kann sagen, wer diese Kunstprodukte wann und wo geschaffen hat.

Der Schwarze Stein
an der Kaaba

DIE UR-KAABA

Der heiligste Kultstein der islamischen Welt ist der *Hadschar al-Aswad*, der „Schwarze Stein" zu Mekka in Saudi-Arabien. Alljährlich kommen Millionen Muslime in die Geburtsstadt ihres Propheten Mohammed (um 570–632 n. Chr.). Ziel des größten Pilgerzuges der Welt, der Haddsch (arabisch *hadj*), ist ein würfelförmiges Gebäude – die heilige Kaaba – im Innenhof der Al-Masdschid-al-Harām-Moschee. Die täglichen Gebete der Muslime in aller Welt sind immer nach dieser heiligen Kaaba mit dem „Schwarzen Stein" ausgerichtet.

Was aus christlich-abendländischer Sicht überrascht: Gemäß islamischer Tradition hat die Ur-Kaaba bereits seit Anbeginn der Menschheit existiert. Adam, Stammvater aller Menschen, soll sie nach dem Sündenfall in Mekka errichtet haben. Der Bauplan und die Stelle dafür waren nach göttlicher Anweisung festgelegt: Sie musste exakt unterhalb der im „hohen Himmelsdache" bestehenden Original-Kaaba „Bait al-Mamur" errichtet werden. Der erdferne Ort konnte nur von Engeln besucht werden. War er im oder

Die Al-Masdschid-al-Harām-Moschee mit der Kaaba in Mekka

Die Heilige Kaaba in Mekka

am Himmel? Ist damit gesichert das Jenseits gemeint oder ließe sich „Himmel" ebenso mit „Weltall" oder „Universum" übersetzen? Wie könnte das Baukunst-Doppel nach streng göttlicher Vorgabe auf Erden in die Praxis umgesetzt worden sein? Der Koran gibt dazu keine erhellende Auskunft. Das Unwissen beflügelt die Fantasie.

Überliefert ist lediglich, dass der Bau der irdischen Ur-Kaaba glückte. Zumindest bis zur Sintflut, die im Koran mehrmals Erwähnung findet. Der Tempel zerfiel, versank und geriet schließlich in Vergessenheit. Nach der Flutkatastrophe erbauten Abraham und sein Sohn Ismael im Auftrag Allahs ein neues „Haus Gottes". Überirdischen Beistand lieferte der Engel Gabriel. Er wurde zur Erde gesandt und überreichte dem Patriarchen einen Stein der Original-Kaaba. Nach anderer Version war das Relikt einst vom Himmel in den Garten Eden gefallen. Weiter erfahren wir, dass dieser Stein anfänglich „weiß wie Milch" gewesen sein soll. Erst durch die Sünden der Menschen, so glauben manche Muslime, habe sich das göttliche Geschenk schwarz verfärbt. Eine gesicherte islamische Quelle, die das bestätigt, gibt es allerdings nicht.

Einmal mehr zeigt sich das Problem bei der historischen Wahrheitsfindung: Religiöse Überlieferungen mit ihrer verborgenen Symbolik lassen sich nur schwer mit den Mitteln wissenschaftlicher Beweisführung überprüfen.

ABSTRAKTE ARCHITEKTUR

Ungewiss bleibt die ursprüngliche Architektur der Kaaba. Das Heiligtum der Gegenwart ist die x-te Kopie und stammt aus dem 17. Jahrhundert. Einsturzgefährdende Mauerschäden infolge gewaltiger Überschwemmungen veranlassten Sultan Murad IV. (1612–1640) zum Neubau. Der „Würfel Gottes" von heute besteht aus Granit und Marmor, ist 15 Meter hoch, thront auf einem Sockel und misst im Grundriss etwa 12 mal 10 Meter. Die Ecken sind nach den vier Himmelsrichtungen ausgerichtet und ein schwarzes Brokattuch, Kiswa genannt, verhüllt den fensterlosen Gottestempel.

Die goldene Eingangstür ins Innere der Kaaba ist fast immer versperrt. Nur an zwei Tagen im Jahr wird sie für ein Reinigungsritual geöffnet. Was vor neugierigen Blicken geschützt werden muss, enthält außer erhabener Leere nicht viel. Eine kleine Kammer, die als „Bußeraum" bezeichnet wird, mit Marmor verkleidete Wände mit Koranversen, zwei Hängelampen und drei Holzsäulen, die vom Boden bis zur Decke reichen, um die Kaaba statisch abzusichern.

KÜSSE FÜR „ADAMS STEIN"

Das heiligste Ritual namens Tawāf wird seit Jahrhunderten praktiziert und stammt aus vorislamischer Zeit. Dabei umkreisen die Gläubigen sieben Mal das „Haus Gottes". Die Umrundung erfolgt gegen den Uhrzeigersinn, währenddessen die Pilger den schwarzen Kaaba-Stein küssen und berühren. Er ist in Brusthöhe der südöstlichen Mauerecke in eine ovale Silberumhüllung eingebettet.

Um das Einsetzen des Wundersteines rankt sich eine Legende: Als der zukünftige Prophet Mohammed noch ein sanftmütiger junger Mann war, gab es große Streitigkeiten unter den arabischen Stammesführern. Nach einem Brand musste die Kaaba wieder einmal restauriert werden. Jeder Klan beanspruchte für sich, den heiligen Stein ins „Haus Gottes" einsetzen zu dürfen. Das endlose und kindische Gezänke endete damit, dass sich die Ältesten darauf einigten, dass derjenige, der als Erster das Tor zur Kaaba passieren würde, diese Ehre erhalten sollte. Das war der junge Mohammed. Er schlug vor, dass der Schwarze Stein auf ein Tuch gelegt werde. Dann sollten alle am Wiederaufbau beteiligten vier Stammesführer jeweils eine Seite des Tuches greifen und den Stein gemeinsam zur Kaaba tragen. Osmanische Miniaturen illustrieren diese Szene. Erzählt wird, Mohammed habe dann beim „Haus Gottes" den Stein vom Tuch genommen und ihn an eine Ecke der Kaaba eingesetzt. Damit waren alle zufrieden *(siehe Farbteil Seite 69 unten)*.

ENTEHRTES HEILIGTUM

Lange hielt die Eintracht in Mekka nicht. Gemäß dem muslimischen Glauben ist der Koran die *wortwörtliche* Offenbarung Gottes an den Propheten Mohammed, höchstpersönlich diktiert vom Engel Gabriel. In Sure 3,97 wird die Kaaba als „Friedensstätte" bezeichnet, an der jeder, der sie betritt, sicher vor Verfolgung ist. (Sure 3,97) Die Praxis sah leider anders aus: Im Jahr 683 wurde im Zuge kriegerischer Auseinandersetzungen zwischen arabischen Volksgruppen die Kaaba durch Katapultgeschoße zerstört.

Dabei ist der heilige Stein in mehrere Teile zerbrochen. Mit der neu errichteten Kaaba wurden die zusammengefügten Fragmente erstmals in eine Silberfassung gesetzt, die inzwischen mehrmals erneuert wurde. Einer dieser Silberrahmen ist im Topkapi-Palast in Istanbul ausgestellt. 931 folgte die nächste Hiobsbotschaft. Radikal-schiitische Qarmaten raubten den religiösen Schatz und brachten ihn ins Königreich Bahrain am Persischen Golf. Erst zwanzig Jahre später kehrte er dank Vermittlung der Fatimiden zurück nach Mekka.

Der Steinkult an der Kaaba ist islamistischen Extremisten bis heute ein Dorn im Auge. Dschihadisten und selbsternannte „Gotteskrieger" haben es nicht nur auf „Ungläubige" abgesehen. Muslime, die dem fanatischen Weltbild nicht folgen wollen, werden als Abtrünnige des „wahren islamischen Glaubens" ebenso verfolgt. Die Ergebenheit zum schwarzen Stein an der Kaaba ist gemäß ihrem radikalen Glaubenssatz ein „Götzendienst". Die Kaaba-Zerstörung wäre das letzte „heiligste" Ziel, nach einer abscheulichen Spur des Schreckens und der Verwüstung. Anschläge auf das Heiligtum gab es bereits mehrere. Ein besonders dramatischer ereignete sich am 20. November 1979, dem Neujahrstag des Jahres 1400 nach islamischer Zeitrechnung. Hunderte bewaffnete Islamisten stürmten die Große Moschee von Mekka und nahmen versammelte Gläubige als Geiseln. Die Aktion endete nach zwei Wochen in einem Blutbad mit fast tausend Toten.

VERBOTENE UND VERSCHOLLENE HEILIGTÜMER

Im Schock des Terrors ging ein brisanter archäologischer Fund unter. Während der Gefechte riss eine Bombe den Boden der Kaaba auf. Zum Vorschein kamen etliche vorislamische Idole, die seit Mohammeds Zeiten eingemauert im Verborgenen lagen. Die saudischen Behörden beseitigten die „regelwidrigen" Schätze rasch. Über ihren Verbleib ist nichts bekannt.

Vorislamische Mondgottheit in der Kaaba: Al-lah Hubal

Waren womöglich urchristliche Symbole darunter? Auszuschließen wäre es nicht, denn bevor die Kaaba 632 zum Heiligtum des Islam erklärt wurde, war sie ein Pilgerziel vieler unterschiedlicher Religionen, und auch Christen und Juden lebten in der Region. In der Kaaba stand ein Kultbild des altarabischen Mond- und Orakelgottes Hubal mit einem verkürzten Arm. Er galt als oberster Chef aller Götter. Verehrt wurde auch die Göttin al-Lāt, deren Thron ein würfelförmiger weißer Stein war. Oder al-Uzzā, die Verkörperung des Morgensterns, sowie die Schicksalsgöttin Manāt. Zu diesen Hauptgottheiten gesellte sich eine Unzahl anderer untergeordneter und lokaler „Götzenidole" hinzu.

Im Jahr 630 machte Prophet Mohammed mit seinem Heer der Vielgötterei ein Ende. Die Stadt Mekka unterwarf sich fast kampflos und wurde weitgehend geschont. Unter dem Jubel der Sieger wurden die heidnischen Symbole aus der Kaaba entfernt. In einer Erzählung heißt es, dass sich unter den Idolen auch eine Ikone mit dem Bildnis von Maria mit dem Jesuskind befunden haben soll. Der Prophet Mohammed ließ es unversehrt. Das wäre nicht verwunderlich, denn Jesus und Maria werden im Islam geehrt. Nicht wie im Christentum als Erlöser und Gottesmutter, aber Jesus als letzter Prophet Mohammeds und die jungfräuliche Maryam als seine Mutter.

Doch etwas irritiert: Während des Triumphzugs soll Mohammed siebenmal um die Kaaba geschritten sein und den Schwarzen Stein als Ausdruck des ursprünglichen Bündnisses zwischen dem Schöpfer und seiner Schöpfung geküsst haben. Dabei habe der Prophet die vom Heidentum „gereinigte" Kaaba mit dem Ruf „Allahu akbar!" („Allah ist groß" oder „Allah ist größer") seinem Gott geweiht. Für Muslime ist Allah der einzig wahre Gott: „Er ist Gott, außer dem es keinen Gott gibt." (Sure 59,22)

In vorislamischer Zeit war „Allah" jedoch kein Eigenname. Das Wort *Al-Lah* bedeutet einfach nur „der Gott". Auch der in der Kaaba von dem großen Volksstamm Quraisch verehrte Mondgott Hubal wurde als *Al-Lah* betitelt, nämlich als *ihr* oberster Gott.

Mohammed und etliche seiner Gefährten stammen von den Quraisch ab. Mohammeds Vater trug den Namen Abdallah. *Abd al Lah* heißt übersetzt „Diener Gottes". Es gibt schon seltsame Zufälle. Übrigens: Das religiöse Symbol des Sternengottes Hubal war die Mondsichel über seinem Haupt. Dazu passt, dass eines der bedeutendsten muslimischen Embleme die Mondsichel Hilal ist.

DIE METEORITENTHESE

Der Schwarze Stein an der Kaaba ist ebenfalls ein Überbleibsel aus präislamischer Epoche. Seine Beschaffenheit, Herkunft und einstige Größe bleiben ungeklärt. Mekka-Besucher haben im Laufe der Jahrhunderte unterschiedliche Auskünfte gegeben. Obwohl das islamische Gesetz „Ungläubigen" den Zutritt zur Großen Moschee verwehrt, gab es etliche Europäer, die mit „Adams Stein" in Berührung kamen. Der Schweizer Forschungsreisende Jean Louis Burckhardt (1784–1817) war einer von ihnen. Nach eigenen Aussagen war er zum muslimischen Glauben konvertiert.

Es hält sich aber ebenso das Gerücht, der Abenteurer sei als verkleideter moslemischer Pilger (wie viele andere nach ihm) zum Allerheiligsten gelangt. Burckhardt vermerkte in seinen Reisenotizen: „Für mich wirkt er wie ein Lavastein mit etlichen kleinen fremden Partikeln von weißlicher und gelblicher Substanz." Er sei dunkel und von den Händen unzähliger Pilger blank poliert gewesen. Manche Gelehrte meinen, es könnte ein Achat oder Tektit sein.

Die erklärte kosmische Herkunft des Steines ließ Wissenschaftler seit dem 19. Jahrhundert vermuten, dass es sich um einen Meteoriten handle. Der österreichische Geologe und Mineraloge Paul Partsch (1791–1856) war der Erste, der darüber einen umfassenden Bericht verfasste. Er wurde erst im Nachlass gefunden und 1856 von der Kaiserlichen Akademie der Wissenschaften in Wien veröffentlicht.

Ob die „Meteoritenthese" stimmt, bleibt jedoch Spekulation. Mineralproben des heiligen Kaaba-Steines wurden – zumindest offiziell – bisher nie wissenschaftlich analysiert. Eine Genehmigung für eine Untersuchung, die

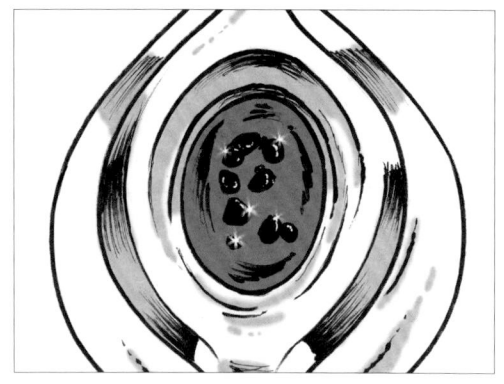

*Der Schwarze Stein
an der Kaaba
nach Angaben
von Augenzeugen.
Er ist inzwischen
in mehrere Stücke
zerbrochen.*

endgültig Klarheit über seinen Ursprung geben könnte, werden oberste Imame nicht erteilen. Da müsste schon der allwissende Allah ein deutliches Himmelszeichen setzen, ganz im Sinne des Propheten Mohammed: „Ohne Gottes Wille vermag der Mensch nichts" – *Inschallah.*

Le Puy und der schwarze „Fieberstein"

EIN AUSSERGEWÖHNLICHER ORT

In allen Weltreligionen gibt es Kultsteine mit oft ungeklärter Herkunft. Sie verbindet eine Gemeinsamkeit: Bereits in prähistorischen Zeiten hatten sie eine besondere Bedeutung und besaßen angeblich wundersame Heilkräfte. Im Christentum finden sich viele Zeugnisse dafür, dass erstarrte Steinwunder einst auf heidnischen Kultplätzen gestanden haben, lange bevor sie eine neue Deutung erhielten.

Ein solches Exemplar versteckt sich in Le Puy-en-Velay, einem idyllischen Städtchen in Zentralfrankreich, südlich von Clermont-Ferrand in der Region Auvergne. Die vor Abermillionen Jahren geformte Vulkanlandschaft mit bizarren Basalttischen und spitzen Felspfeilern, die wie Obelisken senkrecht zum Himmel ragen, sind ein Anblick für Götter. Die auffallenden Vulkanschlote versetzten gewiss bereits unsere Urahnen in Staunen.

Im Mittelalter war Le Puy ein Pilgerzentrum. Bischof Gotescalk war 962 von hier zu einer der ersten Jakobs-Wallfahrten nach Santiago de Compostela aufgebrochen. Nach seiner Rückkehr ließ er die Kirche „St. Michel d'Aiguilhe" auf dem 82 Meter hohen und extrem steilen Lavafinger „Rocher d'Aiguilhe" errichten *(siehe Farbteil Seite 70 oben)*. Sie soll einen Tempel aus römischer Zeit ersetzt haben, der dem Gott Merkur (gleichgesetzt mit dem griechischen Götterboten Hermes) geweiht war. Der Aufstieg erfolgt – damals wie heute – über eine gewundene Treppe und raubt einem im wahrsten Sinn des Wortes den Atem. Oben angekommen, fällt das dreigeteilte Kirchenportal ins Auge, das offenbar byzantinische oder maurische Stilvorlagen hatte. Es ist mit bunten Mosaiksteinen und apokalyptischen Szenen übersät *(siehe Farbteil Seite 71 oben)*.

Der benachbarte Vulkankegel, der „Rocher Corneille" (Corneille-Felsen), ist nicht weniger kolossal. Auf seiner Spitze thront die 16 Meter hohe und 110 Tonnen schwere Metallstatue „Notre-Dame de la France", die 1860 aus erbeuteten Kanonen gegossen wurde. Wieder führt ein steiler Pfad hinauf zum Gipfel. Die „Riesenmaria" kann innen über eine eiserne Leiter erklommen werden. Was bestenfalls als Fußnote in Reiseführern angemerkt ist: Neben dem Monument der Jungfrau liegen die letzten Felstrümmer eines vorchristlichen Heiligtums *(siehe Farbteil Seite 70 unten)*.

OBEN: *Panorama Le Puy-en-Velay*

UNTEN: *Corneille-Felsen mit Riesenmadonna und Resten eines antiken Tempels*

PLATZ DER ERSCHEINUNG

Wer Le Puy besucht, dem wird auffallen, dass viele Gebäude in Baustil und Dekor orientalisch anmuten. Das gilt auch für die Kathedrale von Le Puy-en-Velay, in der zwei eigenwillige Schwarze Madonnen aufbewahrt werden. Sie sollen aus Äthiopien stammen und die Jungfrau Maria mit Jesuskind zeigen. Was damit nicht harmoniert, ist der fremdartige Ausdruck der Gottesmutter.

Noch etwas überrascht in der Kathedrale: Ein glatt polierter, pechschwarzer Monolith, der in den Boden eingefasst ist. Es ist ein rechtwinkeliger Block von etwa 2,5 Metern Länge und einem Meter Breite. Beim Betrachten kam mir die Assoziation zum außerirdischen „Schwarzen Monolithen" aus Stanley Kubricks (1928–1999) Science-Fiction-Filmklassiker „2001: Odyssee im Weltraum". Er steht im Opus symbolisch für Bewusstseinsveränderung, Sprung und Erkenntnis. So ein „Ding" passt durchaus zu einem Andachtsort, aber wie kam es dorthin und welchem Zweck diente es? Die Bevölkerung nennt den

Aufwärts zur Kathedrale von Le Puy-en-Velay

schwarzen Block *Pierre aux Fièvres* („Fieberstein"), weil er heilende Kräfte besitzen soll. Bemerkenswert: Die Steinplatte war vor 1600 Jahren der Auslöser dafür, dass sich Le Puy zu einem der wichtigsten westeuropäischen Marienwallfahrtsorte entwickelte. Der Wink dazu kam wieder einmal von ganz „oben". Die Gründungslegende erzählt, dass die Gottesmutter um 420 einer fieberkranken Frau aus der Umgebung von Le Puy erschienen sein soll. Maria kündigte die ersehnte Gesundung an, wenn die Kranke eine Nacht lang auf dem Stein liegend verbringen würde. Einzige Bedingung: Am Ort der Heilung müsse eine Gnadenstätte zu Ehren der Himmelskönigin errichtet werden. Als sich Wunderheilungen wiederholten, wurde der ominöse „Stein der Erscheinung" zum Zentrum der ersten an dieser Stelle errichteten Kirche.

VOM UNHEILIGEN ZUM HEILIGEN

Historische Spuren zeigen, dass dieses Gotteshaus auf den Ruinen eines „heidnischen" Tempels erbaut wurde. Der schwarze Monolith dürfte die Deckplatte eines prähistorischen Steintisches, eines sogenannten Dolmen, gewesen sein. Obwohl im Zuge der Christianisierung viele ähnliche prähistorische „Götzenrelikte" zerstört wurden oder eine neue Bestimmung erhielten, blieb der Heidenstein erhalten.

Als dann im 11. Jahrhundert mit dem Bau der Kathedrale begonnen wurde, gelangte der „Wunderstein" ins südliche Seitenschiff. Dort zog er bald mehr „Fiebergläubige" in die Kirche als der Abendmahltisch des Herrn. Erstaunlich lange, nämlich bis ins 18. Jahrhundert hinein, blieb es dabei. Dann aber wurde es den Kirchenfürsten doch zu bunt. Das Gotteshaus war ständig mit zahlreichen Kranken überfüllt, die hier übernachteten, Wunder erflehten und die Andachtsfeiern störten. Die Notlösung des Klerus sah vor, die schwarze Steinplatte aus der Kirche zu verbannen. So landete der Kultstein am Portal auf der Fassadentreppe. Allerdings nur kurz, denn das Kirchenvolk rebellierte mit Erfolg gegen die bischöfliche Verordnung. Heute befindet sich der druidische „Ketzerstein" wieder im Inneren an prominenter Stelle: in der Kapelle des Heiligen Kreuzes, gleich links im Anschluss zum Hauptaltar mit einer Schwarzen Madonna. Gott sei Dank! *(siehe Farbteil Seite 71 unten)*

Der rote Fridolin-Stein
zu Rankweil

SEHENSWERTER LIEBFRAUENBERG

Machen wir einen Sprung nach Vorarlberg. Hier gibt es zwei merkwürdige Felsbrocken zu bestaunen, denen der Volksglaube übersinnliche und heilende Kräfte nachsagt. Einer davon wird nordöstlich von Feldkirch im kleinen reizvollen Städtchen Rankweil aufbewahrt. Genauer gesagt in der Ortsmitte, wo sich ein 515 Meter hoher Fels, der Liebfrauenberg, mit Resten der alten Burg Hörnlingen aus dem 14. Jahrhundert erhebt. Hier thront die berühmte Basilika Rankweil, die eine Reihe sonderbarer Schätze beherbergt: den Schädel des heiligen Eusebius († 884), der in früheren Zeiten Kopfkranken aufs Haupt gelegt wurde, ein wundertätiges Kreuz aus dem 13. Jahrhundert, das aus dem Orient stammen soll (zwischen 1600 und 1728 sind 146 mit Daten und Zeugen belegte Wunderheilungen in der Kirchenchronik dazu verzeichnet), ein romanisches Holzkreuz mit der wunderlichen „Heiligen Kümmernis", auch als „Bärtige Jungfrau" bekannt und eine Muttergottesstatue, die alle kriegerischen Zerstörungen seit dem 15. Jahrhundert unversehrt überstanden hat.

Das eigentümlichste und zugleich älteste Heiligenrelikt ist der etwa ein Meter hohe und genauso breite, grotesk verformte rote Quarzmarmorstein des irischen Wandermönchs Fridolin von Säckingen († 538). Er war als Missionar im 6. Jahrhundert auf das europäische Festland gekommen und hatte sich am Oberrhein niedergelassen. Seine Gebeine liegen im Frido-

Liebfrauenberg mit der Basilika Rankweil

47

linmünster in der deutschen Kurstadt Bad Säckingen, etwa 35 Kilometer flussaufwärts von Basel gelegen. Der heilige Fridolin ist außerdem Schutzpatron des Schweizer Kantons Glarus. Seine Verbindung zum Rankweiler „Kultstein" geht aus einer seltsamen Legende hervor, die auf Gedächtnistafeln in der Bergkirche in Bild und Text dargestellt ist.

EIN ZOMBIE ALS ZEUGE

Demnach erhielt Fridolin von einem zum Christentum bekehrten wohlhabenden Gönner namens Ursus wertvolle Güter. Damit sollte der Bau eines Klosters finanziert werden. Als Ursus starb, bestritt dessen Bruder Landolf die Schenkung und brachte die Angelegenheit anno 531 vor Gericht. Im alten Gaugericht Müsingen in Rankweil wurde Fridolin aufgefordert, einen lebendigen Zeugen vorzuführen. Doch den gab es nicht. Es fehlte somit ein beglaubigter Beweis für das mündliche Testament. Verzweifelt ging Fridolin in den Wald, um zu beten. Als er längere Zeit auf einem harten Stein gekniet war, erschienen plötzlich leuchtende Wolken. Eine Gestalt wurde sichtbar und sprach zu Fridolin: „Zieh gegen Glarus und ruf den toten Ursus, dass er Zeugnis ablege." Als der himmlische Bote wieder verschwunden war, bemerkte Fridolin, wie seine Knie und Arme im weich gewordenen Stein versanken. Als er sich erheben wollte und das Gewicht auf das zweite Knie legte, sank er noch mehr ein. Deshalb, so der Volksglaube, ist ein Abdruck tiefer als der andere *(siehe Farbteil Seite 72 links oben)*.

Der heilige Fridolin und der tote Ursus als Zeuge (Hans Burkmair d. Ä.,1517)

Nach diesem Vorfall machte sich Fridolin auf zum Grab des toten Ursus, holte ihn aus der Gruft, nahm ihn bei der Hand und führte den „Zombie" vor den Richter in Rankweil. Der wieder zum Leben Erweckte sprach dort zu Landolf: „Bruder, warum hast du meine Seele der Güter beraubt, die mir gehören?" Der Richterschaft stellte es bei der Zeugenaussage alle Haare auf. Noch mehr erschrocken war Landolf. Er zog seine Erbansprüche zurück und vermachte sogar das eigene Vermögen dem Kloster Säckingen. Nach dem gelungenen Auftritt legte sich Ursus wieder in seine Gruft und gab Ruhe. Diese etwas abstruse Geschichte ist der Grund dafür, warum der heilige Fridolin oft zusammen mit einem Skelett abgebildet wird. Die Legende ist erstmals im 10. Jahrhundert vom Mönch Baltherus schriftlich festgehalten worden und wird auch in Glarus und Säckingen erzählt *(siehe auch Farbteil Seite 72 rechts oben)*.

Der Wunderstein, auf dem der Mönch der Sage nach gebetet haben soll, steht heute in der kleinen „Fridolinsteinkapelle" der Basilika. Sein ursprünglicher Standort ist nicht bekannt. Man weiß nur, dass er irgendwo auf den Höhen von Rankweil lag, dort bereits lange Zeit verehrt wurde und schließlich im 17. Jahrhundert auf den Kirchberg gelangte. Seit damals ist er als Gebetsstuhl deklariert, dem viele heilsuchende und gläubige Menschen die Befreiung von Schmerzen an Armen und Füßen zuschreiben. Göttliche Wunder? Wahrscheinlicher ist, dass die Verformungen durch natürliche Verwitterungsprozesse entstanden sind.

Faszinierend ist die Geschichte dennoch. Das erkannte offenbar auch der schottische Arzt und Schriftsteller Sir Arthur Conan Doyle (1859–1930), der als geistiger Vater von Meisterdetektiv „Sherlock Holmes" Weltruhm erlangte. Was weniger bekannt sein dürfte: Als 16-Jähriger verbrachte Doyle ein Studienjahr am Jesuitengymnasium *Stella Matutina* in Feldkirch. Der Fridolin-Stein muss bei ihm tiefgründige Spuren hinterlassen haben. Gab der Erfolgsautor doch Jahrzehnte später als zentrale Erkenntnis seines Lebens zu Protokoll: „Den größten Fortschritt erzielt man auf Knien."

Der weiße Stein des heiligen Arbogast

RENDEZVOUS MIT DEM SAGENSAMMLER

Noch ein Vorarlberger Steinkuriosum gibt es zu bestaunen. Es ist genauso grotesk geformt wie der Fridolin-Stein, hat eine ähnliche Geschichte und heißt „Arbogast-Stein". Er ist in die südseitige Mauer der Wallfahrtskirche St. Arbogast bei Götzis eingemauert. Oder vielmehr umgekehrt: Das Kirchlein, urkundlich erstmals 1473 erwähnt, wurde neben den auffallenden Stein gesetzt. Wenn es eine Beziehung zum Wundertäter Arbogast gibt, dann muss sich der Stein bereits neun Jahrhunderte zuvor auf diesem Platz befunden haben. Hier nämlich soll der Überlieferung nach der heilige Arbogast († 618) vor seiner Erhebung auf den Straßburger Bischofsstuhl als Einsiedler gelebt haben. Der Volksglaube erzählt, dass er so innig auf dem „Kultstein" betete, dass dieser weich wie Wachs wurde und die Knie des Heiligen ihren Abdruck hinterließen. Seither wandern Menschen zu dem deformierten Stein und erhoffen sich Linderung bei Gelenks- und Fußleiden. Die Parallele zur Legende vom heiligen Fridolin ist unverkennbar.

Sind in Arbogast Wunderheilungen belegt? Und wo liegt der Ursprung dieser Steinverehrung? Lassen sich die Hintergründe erhellen? Elvira und ich sind mit dem Drahtesel unterwegs, kommen beim Radeln hinauf zur Anhöhe der Wallfahrtskirche ordentlich ins Schwitzen. Unvermutet strampelt ein Naturbursche im Eiltempo an uns vorbei. Er lässt uns Stadtmenschen alt aussehen. Am Zielort angekommen erkennen wir den flinken Radsportler. Es ist der Autor und Historiker Franz Elsensohn aus Götzis. Wie kein anderer kennt der Sagenkundschafter die Geschichte jedes Kultplätzchens zwischen Bodensee und Arlberg. „Es lohnt sich, altes Erzählgut zu studieren", sagt Elsensohn und weiß: „Selbst wenn Sagen nicht ‚wahr' sind, können sie doch Wahrheiten enthalten, die aus volkskundlicher und historischer Sicht sehr wertvoll sind."

Der Vorarlberger
Sagenforscher
Franz Elsensohn

Der ruhelose Sagensammler bedauert, dass es zum „Arbogaster Wunderstein" keine ausführliche Legende gibt. Erst im Jahr 1655 wird er schriftlich in einem Werk von Pater Gabriel Bucelin, damals Gerichtsschreiber und Prior zu St. Johann in Feldkirch, mit dem Vermerk „für viele Fußleiden heilsam" erwähnt. Und doch ist auch Elsensohn sicher, dass seine rituelle Verehrung weit in die Vergangenheit zurückreicht: „Es spricht einiges dafür, dass sich an dieser Stelle einmal eine uralte Kultstätte befunden hat, in deren Bereich der Stein einen Zweck gehabt haben könnte. In diese Richtung deutet auch der ehemalige ‚prachtvolle Eichenhain von bedeutendem Alter', von dem berichtet wird. Der stand hier noch im 19. Jahrhundert, bevor er zur Gänze niedergelegt wurde, weil man die Eichenstämme für den Bau der neuen Pfarrkirche in Götzis benötigte."

BEWAHRUNG DES „ALTEN"

Wie erklärt sich die christliche Vereinnahmung des alten Kultsteines? Wie entstand die Beziehung zum heiligen Arbogast? „Wäre der Straßburger Bischof tatsächlich einmal auf der alten Römerstraße hier vorbeigezogen oder hätte sich – wie es die Legende erzählt – an dieser Stelle für einige Zeit als Klausner niedergelassen, wäre es auch denkbar, dass der Stein etwas mit ihm zu tun hatte", meint Heimatforscher Elsensohn. „Der Missionar Arbogast – immer vorausgesetzt, er hat wirklich einmal seinen Fuß auf Götzner Boden gesetzt – war sicher klug genug, einen derart wichtigen heidnischen Kultstein in ein christliches Steinmal umzudeuten, und dies längst bevor Gregor der Große in einem berühmt gewordenen Brief von einer Bekehrung im Hauruckverfahren abriet. Einer der wohl bedeutendsten Päpste des ersten Jahrtausends hat damals erkannt, dass es besser ist, ‚anstatt die heidnischen Heiligtümer zu zerstören, dieselben in christliche umzuwandeln'. Ein folgenreicher Satz, aus dem vielleicht weniger die christliche Nächstenliebe als eher die klare Vernunft spricht."

Wann der komische Felsbrocken von der Kirche einverleibt wurde, lässt sich nicht mehr feststellen. Das Gleiche gilt für den Zeitpunkt, als Menschen ihn als „Heilstein" entdeckten. Man kann die Heilkräfte, die angeblich in ihm wohnen, als naiven Glauben abtun. Dennoch muss es Linderung von Knochenbrüchen, Entzündungen oder Kniebeschwerden wirklich gegeben haben. Wie sonst wäre der Pilgerstrom humpelnder Kranker über Jahrhunderte zu erklären? Im Kircheninneren steht auf einer Andachtstafel anno 1651 für Wallfahrer *„deren allhie sehr viel Schadhaften und Kranken auf Kärren und Wägen geführt worden sind"*. Dann werden gottesgläubige Geheilte genannt, die *„durch wunderbare Mirakel und sonderbar Fürbitt des hl. Patronen Arbogasti wiederum ganz gesund worden, von dannen gangen und ihre Krücken allhie gelassen, wie sie zu sehen"*.

Der Autor vor
dem eingemauerten
Kultstein in
St. Arbogast

Krüppel und arme Schlucker konnten wieder gehen und es sei zu sehen? Im Gotteshaus springt einem dazu nichts ins Auge. Doch Franz Elsensohn bestätigt: „Tatsächlich, sie waren zu sehen! Im kleinen Dachboden über der Außenkapelle beim Arbogast-Stein lagerten etliche Krücken und Stelzfüße, die erst vor Jahren entdeckt worden sind. Sie stammen offensichtlich von vertrauensvollen Bittstellern oder dankbaren Geheilten. Einer Erklärung für solche überraschenden Heilungserfolge ist natürlich mit der hochgelobten Vernunft nicht beizukommen und es bleibt letztlich eine Glaubenssache. In alter Zeit hingen diese offensichtlich überflüssig gewordenen Gehbehelfe noch im Vorraum der alten Wallfahrtskirche."

EIN FREMDER WUNDERTÄTER

Wer war also der heilige Arbogast? Lebte er wirklich als Einsiedler in Vorarlberg? Hat er „seinen" Stein jemals berührt? Handfeste Zeugnisse fehlen. Eines aber lässt sich über den Wundertäter sagen: Er muss ein sonderbarer Geselle gewesen sein, wenn man den abenteuerlichen Geschichten glaubt, die man sich von ihm erzählt. Wie sein begabter Kollege Fridolin stammte Arbogast aus Irland (nach anderen Quellen aus Schottland oder Südfrankreich) und hat auch sonst einiges mit ihm gemeinsam: Er lebte um 550 als Missionar bei Haguenau im französischen Elsass, ließ die erste Kathedrale von Straßburg errichten (der Vorgängerbau des heutigen Straßburger Münsters) und wurde schon zu Lebzeiten verehrt. Es heißt, der Glaubensbote habe wundersame Kräfte besessen, um Tote ins Diesseits zurückzurufen, sei trockenen Fußes über Flüsse gegangen, habe Kranke geheilt und Dämonen vertrieben. Einmal soll er sich unter einem Galgen eingegraben haben, um einen Hingerichteten zu ehren.

Sagenforscher Franz Elsensohn macht auf eine andere Legende aufmerksam, in der erzählt wird, der Heilige habe aus dem Jenseits helfend eingegriffen, indem er Lebendiges erstarren ließ: „Vor etwa 400 Jahren muss es gewesen sein. Da befand sich ein gewisser Gabriel Bratz aus ‚Maylandischem Gebiet' auf einer Reise und fiel prompt unter Räuber. Es wird sogar von Mördern berichtet. So weit kommt es aber dann doch nicht, und zwar ‚durch fürbit deß Hailigen Arbogasti'. Die Räubergesellen werden nicht schlecht gestaunt haben, als sie plötzlich ‚aiß Erstarendte alda gestanden' haben, während ihr Opfer das Weite gesucht haben dürfte."

Wahrlich, ein großer Zauberkünstler, dieser Arbogast. Sein Name bedeutet übersetzt aus dem Althochdeutschen: „Der fremde Erbe." Eine treffendere Bezeichnung könnte es für „seinen" Stein nicht geben! Wurde „Arbogast" nur als Synonym verwendet? Ein Hilfsbegriff für das Fremde und Unverstandene aus längst vergessener Zeit? Jedenfalls erstaunlich, dass der uralte Brauch des Sichhineinkniens bis in die Gegenwart erhalten geblieben ist. Brautpaare und gut gelaunte Hochzeitsgäste pilgern nach St. Arbogast und folgen dem Beispiel aus grauer Vorzeit. Beim Kniefall werden geheime Wünsche formuliert, die in Erfüllung gehen sollen.

Ich habe es mit meiner Partnerin selbst ausprobiert. Wir mussten dabei feststellen, es hat sich schon bequemer gekniet. Lag das am Zahn der Zeit, der an uns nagt? Oder doch daran, dass der graue Kalkstein vor etlichen Jahren nach einer Aufschüttung zu mehr als einem Drittel in der Erde verschwunden ist? Wer ihn noch zu Gesicht bekommen will, sollte sich besser beeilen.

Geheime Welt
unter Klosterneuburg

24. Juni 2016. Eine Exkursion lockt ins niederösterreichische Städtchen Klosterneuburg nordwestlich von Wien, eingebettet in die Hügellandschaft des Wienerwalds und der Donauauen. Ein wahres Kunstjuwel ist das Augustiner-Chorherrenstift mit seiner 900-jährigen Geschichte und weltberühmten Schätzen wie dem „Verduner Altar" aus dem 12. Jahrhundert.

Weniger bekannt ist, dass Klosterneuburg eine geheime unterirdische Welt besitzt, die noch voller Rätsel ist. Der Eingang befindet sich nahe der Pestsäule auf Privatgrund am Stadtplatz Nr. 6, früher ein Teil der „12-Apostel-Zeche". Nach vorheriger Anmeldung gewährt der Hausherr,

Dr. Arbeo-Wolfram Scherer-Ottenfels, außergewöhnliche Einblicke in sein verborgenes Imperium. Bereits im überdachten Eingangsbereich staunt der Besucher: Unterhalb der Decke fällt eine reliefartige Keltensymbolik auf sowie ein sonderbares Säulenkapitell, das als Sinnbild einer Geburt interpretiert werden kann.

Illustrierte Gründungslegende zu Klosterneuburg

An der rechten Mauerseite befinden sich vier Nischen, drei davon mit res-taurierten Fresken. Das erste illustriert die Gründungslegende von Klosterneuburg inklusive Marienerscheinung anno 1105. Am Leopoldsberg, so wird erzählt, standen frisch vermählt Markgraf Leopold III. und seine Frau Agnes auf dem Balkon ihrer Burg. Eine plötzlich aufkommende Windböe verwehte den Brautschleier. Erst neun Jahre später wurde er unerwartet und unversehrt auf einem blühenden Holunderstrauch gefunden. In einer Traumvision erschien dem Markgrafen die Gottesmutter und verlangte von ihm, an der Fundstelle ein Kloster zu errichten – der Bau der Stiftskirche (1114–1136) war somit himmlisch vorbestimmt.

Das Motiv in der zweiten Wandvertiefung präsentiert eine Alchemistenküche mit dem Meister (er trägt Augengläser) und zwei Adepten bei der okkulten Herstellung des „Steins der Weisen" und der Erschaffung eines künstlichen Homunkulus aus der Retorte. Ein aufgeschlagenes Mirakelbuch in der linken unteren Ecke offenbart eine Schlange, die sich in den eigenen Schwanz beißt. Es ist der altägyptische Ouroboros, ein magisches Symbol für Ewigkeit und Wiederauferstehung *(siehe Farbteil Seite 72 unten)*. Der dritte Mauereinschnitt unterscheidet sich im Stil von den anderen Wandgemälden: Zu sehen sind „Strahlenjäger" mit Wünschelruten, die offenbar im Gelände radiästhetische Untersuchungen vornehmen. Dabei hantieren zwei Männer mit einem großen schraubenartigen Gewinde, dessen Funktion unklar bleibt. Zwei gemauerte Eingänge weisen in ein unbekanntes Reich *(siehe Farbteil Seite 73 links oben)*.

Der Besitzer hält es für möglich, dass die Werke aus der Renaissance oder dem Barock stammen könnten. Ich halte die Darstellungsweise für wesentlich jünger. Interessant und ungewöhnlich sind sie dennoch. Wer ist der Künstler? Was war die Inspiration? Und warum schmücken die Fresken das historische Gebäude der „12-Apostel-Zeche"?

Der Durchgang führt weiter in den idyllischen Garten der Familie Scherer-Ottenfels. Hier liegen mehrere Brunnen, Schächte und Eingänge, die in acht bis zehn Metern Tiefe zu einem weitverzweigten Labyrinth mit Kellern, Gängen und Gewölben führen. Als Dr. Scherer-Ottenfels 2002 das Grundstück erwarb, war das unterirdische Areal bis zur Decke komplett mit Schutt, Sand und getrocknetem Schlamm gefüllt. Dies soll auf Veranlassung des damaligen Propstes des Klosterneuburger Chorherrenstifts, Kaspar Christiani, um 1580 geschehen sein. Über die Gründe der „Versiegelung" wird spekuliert. Als der neue Hausbesitzer mit großem persönlichem Einsatz begann, die Stollen freizulegen und zu renovieren, kam ein Füllhorn unglaublicher Schätze aus unterschiedlichen Epochen ans Tageslicht: Überreste alchemistischer Gegenstände, frühchristliche Krüge und Öllampen, Amphoren, Kacheln und Keramiken aus der Römerzeit, keltische Idole, Steinobjekte mit unbekanntem Verwendungszweck, neolithische Werkzeuge und Knochenreste aus der Urzeit.

RÄTSELHAFTE RELIKTE

Seltsames ist in der Tiefe entdeckt worden: fein bearbeitete Steinkugeln und ein Höhlenbärenschädel mit einem ovalen, sauber abgegrenzten Loch, das den Eindruck vermittelt, ein Hochgeschwindigkeitsgeschoss wäre hier zum Einsatz gekommen. Die Funde wurden in einem Raum unterhalb eines Hypokaustums freigelegt. Es sind die Reste einer Fußbodenheizung aus der Römerzeit. Viele Spuren aus der „Klosterneuburger Zeitkapsel" müssen noch mit streng wissenschaftlichen Methoden unter die Lupe genommen werden, bevor gesicherte Aussagen erfolgen können. Wenn sie authentisch sind, wäre das eine archäologische Sensation. Offenbar gibt es Zweifel, denn merkwürdigerweise haben sich bislang nur wenige Experten zu einer Überprüfung bereiterklärt. Der Grazer Prähistoriker Dr. Heinrich Kusch ist eine rühmliche Ausnahme. Seine Bestandsaufnahme zum „Bärenrätsel" erläutert der Forscher im Buch „Versiegelte Unterwelt":

„Die Schnauze des Schädels lag auf zwei gekreuzten, aber artifiziell veränderten Unterkiefern auf und war nach Westen ausgerichtet, davor lagen etwas tiefer drei Steinkugeln und hinter dem Hinterkopf zwei weitere Stein-

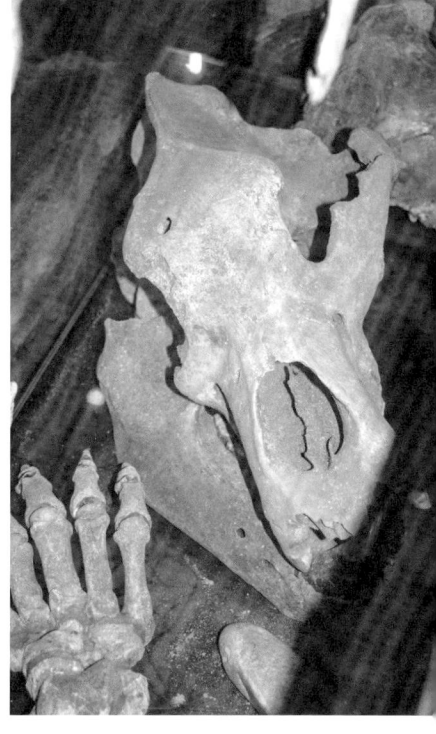

kugeln. Über den Schädel war ockerfarbenes Eisenoxidhydrat gestreut. Die Schädelsetzung befand sich in einer 1,10 Meter mal 1,30 Meter, an zwei Seiten trapezförmig zulaufenden großen Grube, die 0,15 Meter tief in den Felsboden eingesenkt war, und unter dem Schädel lag ein in drei Teile zerfallenes Kernstück eines großen verfestigten Sand- beziehungsweise Hornsteins, viele Absplisse, einige zubereitete Steinklingen (Mikrolithen) und zwei künstlich zubereitete Steine."

Wie kamen die Funde dorthin? Welchem Zweck dienten sie? Aus welcher Zeit stammt das Gangsystem? Da etliche Artefakte offenbar erst im Nachhinein an den Ort gelangten und hier Teil kultischer Handlungen wurden, ist die Altersbestimmung problematisch. Dr. Kusch ist dennoch von deren hohem Alter überzeugt: „Der Schädel wurde auf jeden Fall vor der Römerzeit dort hingelegt", betont der Wissenschaftler, „weil die Fußbodenheizung jener Epoche darübergelegt war!"

OBEN: *Seltsamer Fund unter römischen Fundamenten: ein Höhlenbärschädel mit Pranke und Steinkugeln*

UNTEN: *Steinplatte mit kleinen geometrisch angeordneten Vertiefungen*

UNBEKANNTE UNTERWELT

Die Wände der Kellergewölbe bestehen aus Ziegeln und Trockenmauern, die nachträglich verfugt und ausgekleidet wurden. Als Laie würde man den Ursprung im Mittelalter vermuten. Doch die Datierung des Mauerwerks, Hunderte römische Scherben und Gegenstände sowie ein Römerbad in zehn Metern Tiefe lassen auf ein Mindestalter von 1800 Jahren schließen. Unmöglich scheint das nicht, denn der Stiftshügel war nachweislich bereits in urgeschichtlicher Zeit besiedelt und im 1. Jahrhundert n. Chr. hatten die Römer ein Kastell in Klosterneuburg.

Wenn wir weiter ins Herzstück der geheimen Welt vordringen, gelangen wir zu einem 50 Meter langen, vier Meter hohen und ebenso breiten Hauptgang mit verzweigten Nebenräumen. Hier fällt mir eine runde Tischplatte aus Granit ins Auge, etwa 40 Zentimeter im Durchmesser. Die Oberfläche zeigt winzige runde Vertiefungen, nicht unähnlich der Näpfchen, die man von Schalensteinen her kennt. Sie bilden ein geometrisch angeordnetes Spiralmuster. Wozu der „Opfertisch" diente, vermag niemand zu sagen. War es ein antiker Kalender oder ein Hilfsmittel für astrologische und astronomische Berechnungen?

Die geheime Unterwelt führt tiefer hinein zu einem sechs Meter hohen kuppelförmigen Bau. In einer Nische steht ein kniehohes Steingefäß, vielleicht ein Taufbecken, und darüber ein ins Mauerwerk eingraviertes, auffälliges Y-förmiges Kreuzsymbol, das mit roter Farbe bemalt ist. Es wird als „Schächerkreuz", „Gabelkruzifix" oder „Pestkreuz" bezeichnet und war im Einfluss der Mystik vor allem im 13. Jahrhundert gebräuchlich *(siehe Farbteil Seite 73 rechts oben)*.

Ein großer Raum, sechs Meter hoch, wurde erst in jüngster Zeit freigelegt. Unterhalb der Decke sind Reste einer Balustrade sichtbar und darunter in Bodennähe sieben ins Mauerwerk eingefasste Steinkugeln sowie ein Ammonit. Bedeutung, Anordnung und Zweck sind ungeklärt. Es dürfte aber einen Zusammenhang mit einer Öffnung an der Deckenseite gegenüber geben. Gut möglich, dass der Bauplan des Areals so angelegt ist, dass an bestimmten Tagen (Sonnenwende?) die Steinkugeln von einem Lichtstrahl – warum auch immer – anvisiert werden sollten. Unverständlich ist die Bedeutung eines kurios verformten Steingebildes, das in einer Wandnische, gleich rechts neben den eingemauerten Steinkugeln, zu sehen ist.

LEUCHTSTEINE AUS DER HEXENKÜCHE

Die seltsamsten Felsbrocken befinden sich in einem Nebenraum: schwarze Steine, die in Holzkisten verpackt waren. Bis zu ihrer überraschenden Entdeckung lagen sie gemeinsam mit anderen Utensilien Jahrhunderte unter Tonnen von Sand und Steinschutt begraben. Das Interessante sind ihre Eigenschaften: Bei Sonnenlicht nehmen die Steine eine

bläuliche Färbung an und wenn sie im Dunkeln mit ultraviolettem Licht bestrahlt werden, offenbaren sie auf ihrer Oberfläche leuchtende Symbole wie das Omega-Zeichen. Ähnliche Leuchtsteine kenne ich aus La Maná in Ecuador, wo in den 1980er-Jahren in einem aufgelassenen Bergwerks-stollen Hunderte leuchtende Steine und Plastiken in versiegelten Truhen entdeckt wurden. Da wie dort bleiben Herkunft und Bedeutung ein Rätsel.

Bei UV-Bestrahlung der Kellerwände hat sich gezeigt, dass auch hier an manchen Mauern verborgene Muster sichtbar werden. Natürliche Mine-ralien mit Leuchtpigmenten, die Fluoreszenz bewirken, sind keine Hexe-rei. Hier aber wurden die Leuchteffekte künstlich und mit Absicht in den Stein eingearbeitet. Im 17. Jahrhundert haben Alchemisten gerne mit sol-chen nachleuchtenden Stoffen wie Bariumsulfat experimentiert. Sind die schwarzen Steine Produkte magischer Praktiken? In einem Nebenraum der Anlage fanden sich viele okkulte Gegenstände, die den Schluss zulas-sen, dass hier im Mittelalter ein alchemistisches Laboratorium bestand *(siehe Farbteil Seite 74).*

Noch ein Steinrätsel gibt es in der „12-Apostel-Zeche". Es ziert die Wand jenes Raumes, in dem die Leuchtsteine gefunden wurden: ein versteinerter Wurm inmitten geometrischer Netzmuster aus den Uranfängen irdischer Lebensentstehung. Welche Katastrophe hat das Spurenfossil urplötzlich zu Stein erstarren lassen? Warum findet es sich eingemauert in der Klosterneu-burger Unterwelt? Wer hat das wann zu welchem Zweck getan?

Die Fragezeichen werden nicht weniger. Derzeit hat Hausherr Dr. Scherer-Ottenfels mit seinen Unterstützern rund 800 Quadratmeter der unter-irdischen Welt ausgegraben. Ein Ende scheint nicht absehbar. Wie tief und wie weit verzweigt die Anlage ist, bleibt vorerst offen, da noch längst nicht alle Bereiche erforscht sind. Der Verdacht liegt aber nahe, dass es einst eine direkte Tunnelverbindung zum nur 300 Meter südöstlich liegenden Chor-herrenstift gegeben hat. Doch weshalb wurde das unterirdische Reich mit all seinen skurrilen Schätzen zugeschüttet?

Eine lange Zeit verschollene Klosterneuburger Urkunde, angeblich aus dem 16. Jahrhundert (vermutlich eher eine Abschrift aus jüngerer Zeit, die sich auf die alte Quelle beruft), irritiert die Fachwelt. Die Handschrift befindet sich heute unter der Bezeichnung „Stift Klosterneuburg/ORDO/fol. 112" im Niederösterreichischen Landesarchiv. Der Inhalt ist brisant. Er begründet die Versiegelung mit „unheilvollen Kräften", die im Keller-gewölbe von einem „heidnischen, götzenhaften, schwarzen Stein" ausge-strahlt werden sollen. Auf kirchliche Anweisung sei die Anlage schließlich versiegelt worden, heißt es. Wirken mysteriöse Energien noch heute? „In den Räumlichkeiten der ‚12-Apostel-Zeche' gibt es starke elektromagneti-sche Felder", bestätigt Unterweltforscher Dr. Heinrich Kusch, „die selbst die modernsten computergesteuerten Vermessungsgeräte eher trivial, also bedeutungslos, erscheinen lassen, weil sie dort nicht funktionieren."

OBEN: *Schwarze „Alchemistensteine" aus der „12-Apostel-Zeche"*

MITTE: *Versteinertes Wurmfossil*

UNTEN: *Dr Arheo-Wolfram Scherer-Otten-fels (rechts) führt durch sein staunenswertes Imperium.*

DIE MACHT DER SCHWARZEN MADONNA

Sonderbare Schutzheilige,
rabenschwarzer Marienkult
und das fliegende Haus von Loreto

*„Wer die Dunkelheit beleuchtet, um sie zu belehren,
was sie sei, der zerstört sie."*

Carl Ludwig Börne (1786–1837)
deutscher Literatur- und Theaterkritiker

Dunkle Geheimnisse

WARUM IST MARIA SCHWARZ?

Wenn es ein Weltphänomen gibt, dann heißt es Maria. Keine biblische Gestalt wird mehr besungen und vergöttert als die Heilige Jungfrau aus Nazareth. Zwar sind die Zeiten vorbei, als ihr zu Ehren gesegnete Marienbildchen gegen Krankheiten geschluckt oder kleine Madonnen, aus Teig geformt, unter das Essen gemischt wurden, aber der Kult um die Himmelskönigin, der Mutter Jesu und erklärten „Gottesgebärerin", gedeiht nach wie vor. Gerade in unserer rational-materialistisch organisierten Welt suchen alljährlich Millionen Menschen vertrauensvoll ihre heiligen Stätten auf. Einer dieser Pilger bin ich. Nicht aus dem Beweggrund inniger Frömmigkeit, sondern weil ich gerne auf den historischen Spuren fantastischer Legenden wandle. Dabei ziehen mich Marienheiligtümer geradezu magisch an. Hier gibt es bevorzugt Überirdisches und Staunenswertes zu entdecken, schon deshalb, weil viele christliche Wunderorte eine spannende heidnische Vergangenheit besitzen.

DIE ZWIELICHTIGE „KERZENTHEORIE"

Was an vielen Stätten der Marienverehrung verblüfft: die Ehrfurcht vor einem Gnadenbild oder einer Heiligenfigur mit Kind, deren Hautfarbe dunkelbraun oder schwarz ist. Viele dieser religiösen Kunstwerke gelten inzwischen als verschollen, wurden gewaltsam zerstört oder existieren bestenfalls als Duplikate älterer Originale. Dennoch gibt es allein in Europa noch mehr als 270 marianische Heiligtümer, wo eine Schwarze Madonna Verehrung genießt. Manchmal begegnet uns die geheimnisvolle Heilige an Plätzen, wo man es nicht unbedingt vermuten würde: In der Gruft der Kirche Lockenhaus im Burgenland, etwas versteckt auf einem Seitenaltar der Basilika von Mariazell oder in München im „Bürgerhaus" und in der Theatinerkirche St. Kajetan. Woher stammen die ungewöhnlichen Ikonen, die unter oft merkwürdigen Umständen aufgetaucht sind? Wen stellen sie dar? Wirklich die Jungfrau Maria, wie der katholische Klerus behauptet? Wieso aber sind sie dann meist rabenschwarz? Religionshistoriker und Theologen sind in Verlegenheit. Lange Zeit hielten Gelehrte an der Meinung fest, die dunkle Farbe erkläre sich ausschließlich durch das hohe Alter des verwendeten Holzes, durch chemische Oxidation bei der Einwirkung von Feuchtigkeit auf Silberplatten oder durch die Verrußung infolge brennender Kerzen vor dem Gnadenbild. Bei der rund 700 Jahre alten berühmten „Schwarzen Maria" von Altötting in Bayern wird das trotz ungeklärtem Ursprung weiterhin im Kirchenführer behauptet. Plausibel ist das nicht. Warum hat sich die Verdunkelung nur auf das Gesicht und die Hände ausgewirkt, während die Kleidung davon unberührt blieb? Gleiches gilt für andere Andachtsbilder, die ebenfalls über Jahrhunderte Kerzenruß, Weihrauch und Qualm ausgesetzt waren, aber keine Spuren einer Verfärbung zeigen. Die mancherorts immer noch gebräuchliche „Kerzentheorie" leuchtet also nicht wirklich ein *(siehe Farbteil Seite 75 links oben)*.

Maria Magdalena und die Schwarze Sara

DIE ANDERE MARIA

Heute wissen wir, dass fast alle schwarzen Madonnen aus dunklem Holz geschnitzt, aus schwarzem Stein gefertigt oder mit schwarzer Farbe bemalt worden sind. Das bedeutet, die dunkle Färbung war von Anfang an beabsichtigt. Aber weshalb, wenn die Skulpturen doch angeblich die Gottesmutter Maria zeigen? Es mutet auch höchst seltsam an, dass manche Marienfigur – vor allem in Frankreich – nachträglich weiß oder fleischfarben übermalt worden ist. Es existieren sogar kuriose Mischformen, wo nur Maria eine schwarze, das Jesuskind aber eine weiße Hautfarbe hat. Merkwürdige Beispiele dazu sind eine Marienfigur in der Kirche „St. Maria von Loreto" („Kobelkirche") in Westheim bei Augsburg, oder die Madonna von Soccorso, die im süditalienischen Apulien an ihren Festtagen durch die Stadt San Severo getragen wird *(siehe Farbteil Seite 75 links unten)*.

Wollte das Kirchenregiment die Verehrung schwarzer Madonnen unterdrücken? Gründe dafür mag es aus der römisch-katholischen Glaubenstradition gegeben haben, denn viele Figuren werden mit Sexualität, Sünde, Zeugung, Ehe, irdischen Freuden, Unterwelt und Fruchtbarkeit in Verbindung gebracht. Alles Eigenschaften, die das genaue Gegenteil der keuschen Muttergottes darstellen.

Eine These behauptet, mit der Schwarzen Madonna sei eine andere biblische Maria gemeint, nämlich die früher oft als „Verführerin" und „Lasterweib" geschmähte „reuige Sünderin" Maria Magdalena. Ihr Beiname verrät den Ort ihrer Herkunft: Magdala am See Genezareth im Heiligen Land. Gemäß den Evangelien (und noch deutlicher in außerbiblischen Quellen der Gnostik und der Apokryphen) hatte Maria Magdalena eine Sonderstellung. Sie war die Gefährtin von Jesus, der sie von dämonischer Besessenheit befreite. Nach christlicher Lehre war Maria Magdalena bei der Kreuzigung dabei und trauerte an seinem Grab. Sie war es auch, die als Erste dem von den Toten Auferstandenen begegnete und von ihm den

Auftrag erhielt, diese Botschaft an die anderen Jünger weiterzugeben. (Joh. 20, 11–20)

Die gerechte Anerkennung blieb ihr verwehrt: „Maria Magdalena wurde verdrängt und vertrieben. Petrus trat die Nachfolge Christi an. Nach und nach wurde die christliche Kirche nur noch von Männern geleitet", kritisiert der Theologe Walter-Jörg Langbein und fügt hinzu: „Sie muss endlich rehabilitiert werden und die Anerkennung finden, die sie verdient: als die Gefährtin, Geliebte und – wahrscheinlich – Ehefrau Jesu."

DIE LEGENDE LEBT

Eine Spur führt nach Südfrankreich ins Fischerdorf Les-Saintes-Maries-de-la-Mer. Nach alter Tradition wird dort von den Sinti und Roma eine schwarze Frauenstatue verehrt, die „Sara-la-Kâli" genannt wird – die „Schwarze Sara". Die Legende erzählt von drei Marien – Maria Magdalena, Maria des Kleophas (Mutter der Apostel Jakobus und Simon) und Maria Salome von Galiläa –, die im 1. Jahrhundert mit einer Gruppe Christen aus Palästina geflüchtet waren. Nach einer abenteuerlichen Fahrt übers Meer landeten die Auswanderer an der Küste Frankreichs und missionierten das Land. Die Schwarze Sara wird in dieser Überlieferung als mitreisende ägyptische Die-

OBEN:
Byzantinische Ikone
der Maria Magdalena:
War sie Vorbild für
den Kult um Schwarze
Madonnen?

RECHTS:
Die Schwarze Sara

nerin der Flüchtlinge genannt. Von einer anderen
Version berichtete der Historiker Jean-Paul Clébert
(1926–2011). Demnach hätte Sara mit ihrer Sippe
bereits an den Ufern der Rhône gelebt und die drei
Marien bei ihrer Ankunft in der Provence begrüßt.
Kirchliche Anerkennung fand keine der Erzählungen. Der Kult um die Schwarze Sara erfreut sich
dennoch großer Beliebtheit, besonders alljährlich am 24. und 25. Mai zum Drei-Marien-Fest.
Bei dieser stimmungsvollen „Zigeunerwallfahrt",
wird Sara in bunten Gewändern und blumen-
geschmückt in einer feierlichen Prozession ans
Meer getragen, um den Wellen zu huldigen, die
sie brachten. Die Heiligenfigur stammt aus dem
18. Jahrhundert und ersetzt eine ältere Holzstatue.
Sie wird, gemeinsam mit den Reliquien der Sara,
in der Krypta der Kirche von Les-Saintes-Maries-
de-la-Mer aufbewahrt *(siehe Farbteil Seite 75 rechts
unten)*.

HEIDNISCHE VERWANDTE

Saintes-Maries, die Kurzform des Wallfahrtsortes,
ist seit dem 4. Jahrhundert als Sancta Maria de Ra-
tis belegt. Das spricht dafür, dass die Erinnerun-
gen an die Schwarze Sara und Maria Magdalena

*Antike Verwandte der
Schwarzen Madonna:
Artemis*

keine Märchen sind. Dennoch könnte der Ursprung der Legende noch weiter in der Vergangenheit verborgen liegen. Mythenforscher wie der Schweizer Sergius Golowin (1930–2006) halten es für wahrscheinlich, dass sich
der Kult um die Schwarze Sara aus einer kelto-ligurischen Götterverehrung
ableitet, die im Zuge der Christianisierung umgedeutet wurde.
Das deckt sich mit dem in der antiken Welt weitverbreiteten Glauben an über-
mächtige Muttergöttinnen. Der Farbe Schwarz kommt hierbei als Ursym-
bol für Fruchtbarkeit, Unterwelt und Wiedergeburt eine bedeutende Rolle
zu. Die Historikerin Stefanie Risse nennt in ihrem Buch „Magisch Reisen:
Italien" einige Beispiele: „Venus trug den griechischen Namen Melanis, ‚die
Schwarze', und auch die anderen Fruchtbarkeitsgöttinnen – Demeter, Artemis, Kybele oder die anatolische Magna Mater – waren dunkle Figuren, die
oft mit dem Attribut ‚die Schwarze' versehen waren."
Von der jungfräulichen Maria kennen wir diese Attribute nicht, dennoch
wird die Mutter Jesu an vielen Wallfahrtsorten wie erwähnt rabenschwarz
abgebildet. Beten Menschen seit Generationen die Schwarze Madonna als
Muttergottes an, ohne zu wissen, dass ihr machtvoller Zauber in Wirklichkeit
aus grauer Vorzeit herrührt?

Heiligtümer, Himmelslichter und Montserrats Moreneta

EWIGE KULTSTÄTTEN

Schwarze Madonnen tauchten an ungewöhnlichen Orten oft unter mysteriösen Umständen auf. Besonders im 12. und 13. Jahrhundert gehörten die fremd anmutenden Marienfiguren in Westeuropa zu den am meisten verehrten Heiligtümern. Zu den berühmtesten Stätten zählen das Benediktinerkloster Einsiedeln in der Schweiz und in Frankreich die Marienkapelle Notre Dame de Rocamadour und die romanische Kirche Saint-Julien in Meillers mit zwei Madonnen. Zwei Schwarze Marien befinden sich auch in der Kathedrale Notre-Dame von Le Puy-en-Velay: eine im Chor, die andere in der Reliquienkapelle. Zusätzlich schmücken Repliken einige Hausfassaden der Stadt.

Maria mit Kind von Le Puy-en-Velay. Das Original verbrannte im 17. Jahrhundert.

Die beiden bekanntesten schwarzen Damen werden in der Templerkathedrale von Chartres aufbewahrt. (Die *Notre-Dame-du-Pilier* – „Unsere Herrin auf der Säule" und in der Krypta die *Notre-Dame-sous-Terre* – „Unsere Herrin unter der Erde".) Weniger bekannt ist, dass es auf der sagenumwobenen Insel *Mont Saint-Michel* in der Normandie eine fast lebensgroße Madonna mit Kind gibt. Sie wird *Notre-Dame-du-Mont-Tombe* oder *Notre-Dame-des-Morts* genannt und thront auf einem Globus mit Sternsymbolik. Das Standbild stammt aus dem 19. Jahrhundert und ist die Gipskopie einer zerstörten Figur unbekannter Herkunft. Reiseführer nehmen von der „Mutter der Unterwelt und der Toten" keine Notiz, und auch vor Ort scheint man der schwarzen Dame kein Licht der Öffentlichkeit zu gönnen. Sie bleibt in einem Nebenraum ihrem Motto der Finsternis treu *(siehe Farbteil Seite 76 oben links).*

Lichtphänomen von 2009 über Warraq al-Hadar unweit der Pyramiden von Giseh. Das ägyptische Fernsehen berichtete darüber ausführlich.

LINKS: *Wunder oder Massenhysterie? Tausende bejubelten in Warraq al-Hadar 2009 vermeintliche Erscheinungen der Jungfrau Maria.*

RECHTS: *Von der Jungfrau im Bett erleuchtet? Verklärte Darstellung des Patriarchen Schenuda III. in der Reliquienkammer der Kathedrale von Zeitoun.*

Ein modernes Deckenfresko in der Kathedrale von Zeitoun illustriert die Erscheinungsserie aus den Jahren 1968 bis 1971.

Das Deckenfresko in der kleinen Erscheinungskirche von Zeitoun zeigt Maria mit erhobenen Händen unter dem Sternenzelt.

Die Göttin Isis soll hier den Horus-Knaben gesäugt haben: die Überreste des legendären heiligen Baumes von El Matarija.

Zufall oder ein Wink des Himmels? Erst zu Hause fiel mir auf einem meiner Fotos diese „Lichterscheinung" auf. Die Aufnahme stammt von der Marienstätte El Matarija.

LINKS: *Die kleine Erscheinungskirche der Jungfrau Maria in Zeitoun*

RECHTS: *Nahe der Marienerscheinungsstätte von Zeitoun und dem Baumheiligtum El Matarija liegt das versunkene Heliopolis. Erhalten sind nur wenige Relikte wie der Obelisk von Sesostris I.*

LINKS: „Skystone" aus Sierra Leone: der Legende nach ein Stück vom Himmel

RECHTS: Eine von vielen Nomoli-Statuetten aus Westafrika, denen ein übernatürlicher Ursprung zugeschrieben wird

Der Prophet Mohammed beim Anbringen des Schwarzen Steines an der Kaaba (aus einer Buchillustration des „Dschami' at-tawarich" von 1315)

Blick vom Corneille-Felsen zur Kapelle „St. Michel d'Aiguilhe"

Blick vom Gipfel des „Rocher d'Aiguilhe" zur 16 Meter hohen Statue der Notre-Dame de la France auf dem „Rocher Corneille"

LINKS: *Das Innere der Kapelle „St. Michel d'Aiguilhe" aus dem 10. Jahrhundert. Ursprünglich soll auf dem Plateau ein Druidentempel gestanden haben, später ein römisches Heiligtum für den Gott Merkur.*

RECHTS: *Die Fassade der Kathedrale von Le Puy-en-Velay*

Marienerscheinungsplatz in Le Puy-en-Velay: der „Fieberstein" in der Kathedrale. Er soll die Deckplatte eines keltischen Dolmen gewesen sein.

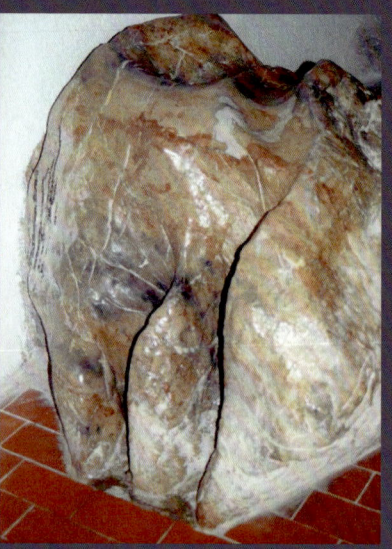

LINKS: *Der sagenumwobene Fridolin-Stein auf dem Liebfrauenberg in Rankweil*

RECHTS: *Der heilige Fridolin mit dem aus dem Totenreich wiedergekehrten Ursus (Tempera auf Holz aus dem späten 15. Jahrhundert, Museum of Fine Arts in Dijon, Frankreich)*

Alchemistisches Laboratorium: Wandmalerei aus der ehemaligen „12-Apostel-Zeche" in Klosterneuburg bei Wien

LINKS: *Malerei eines unbekannten Künstlers: Zwei Männer hantieren mit einer „Riesenschraube", die keinen praktischen Sinn ergibt. Wird ein Hilfsmittel für radiästhetische Experimente dargestellt?*

RECHTS: *Entdeckungen in der Unterwelt von Klosterneuburg: Steinbehälter in einer Nische (ein frühchristliches Taufbecken?) und darüber an der Wand ein eingraviertes und bemaltes „Schächerkreuz"*

Zentraler Kellerbereich der „12-Apostel-Zeche": Erst ein Bruchteil der unterirdischen Anlage wurde freigelegt und renoviert.

Der Autor mit den schwarzen Steinen der „12-Apostel-Zeche“. Jahrhundertelang lagen sie verborgen unter Schutt und Erdreich in einer Kiste.

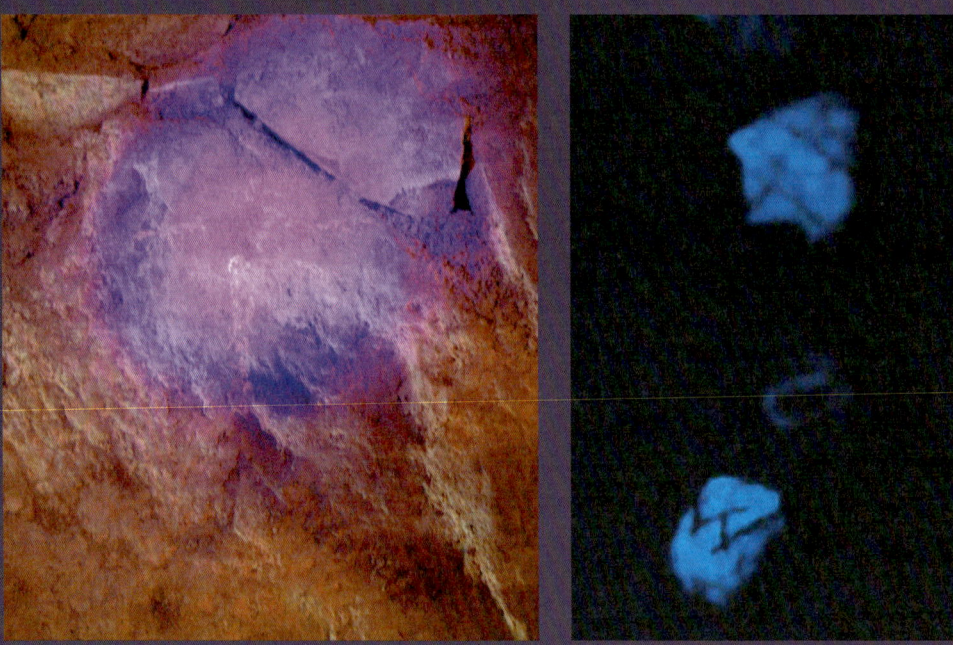

LINKS: *Nicht mit freiem Auge sichtbar: Unter UV-Licht-Bestrahlung zeigen sich auf den Wänden des Kellersystems magische Symbole und Zeichen.*

RECHTS: *Die Leuchtsteine aus der Unterwelt von Klosterneuburg*

LINKS: *Das Gnaden-bild von Altötting wurde angeblich durch Kerzenruß dunkel.*

RECHTS: *Eine Replik der 1794 verbrannten originalen Schwarzen Madonna von Le Puy-en-Velay*

LINKS: *Die Madonna von Soccorso in Süditalien: Wieso ist Maria schwarz und das Jesuskind weiß?*

RECHTS: *Die Schwarze Sara von Saintes-Maries-de-la-Mer in Südfrankreich*

LINKS: *Kniefall vor der wenig bekannten Schwarzen Madonna von Mont Saint-Michel, einer felsigen Insel im Wattenmeer der Normandie*

RECHTS: *Schwarze Riesenmadonna aus Blech auf der Halbinsel Saint-Jean-Cap-Ferrat zwischen Nizza und Monaco an der Côte d'Azur*

Himmelszeichen führten zur Gründung der Benediktinerabtei Santa Maria de Montserrat im gleichnamigen Gebirge.

In dieser Felsnische der Kapelle zur „Heiligen Grotte" wurde der Legende nach die Schwarze Madonna von Montserrat entdeckt.

LINKS: *Alte Chroniken berichten, dass 880 am Montserrat mysteriöse „Lichterscheinungen" beobachtet wurden. Zu ähnlichen Phänomenen kam es zuletzt im Sommer 2016. Die „Lichtkugeln" und ihre Manöver spuken auf Amateurvideos durchs Internet.*

RECHTS: *Aug in Aug mit der Schwarzen Madonna von Montserrat in der Altarkapelle der Klosterbasilika von Montserrat*

LINKS: *Nach Rom der wichtigste katholische Wallfahrtsort in Italien: die Basilika von Loreto in der Provinz Ancona*

RECHTS: *Die Marmorverkleidung der Santa Casa*

Innenraum des Heiligen Hauses, das der Legende nach im 13. Jahrhundert von Engeln von Nazareth nach Italien überführt wurde.

Außergewöhnliches Loreto-Fresko in der „amerikanischen Kapelle": Über dem fliegenden Marienhaus schweben zwei „Fliegende Untertassen".

LINKS: *Im Loretokloster in der Stadt Salzburg ist ein alter Brauch lebendig: die Segnung der Gläubigen mit dem possierlichen Jesus-Püppchen.*

RECHTS: *In Walsingham, einem Dorf in Südostengland, soll bis zu seiner Zerstörung 1538 das Heilige Marienhaus aus Nazareth gestanden haben. Anglikaner und Katholiken erinnern in Gedenkstätten daran.*

LINKS: *Nationalheilige der Polen: Die Schwarze Madonna von Tschenstochau. Von ihr gibt es viele, angeblich ebenfalls wundertätige Repliken. Eine befindet sich am Wiener Kahlenberg.*

RECHTS: *Beinahe vergessen im kleinen Andachtsraum: die Schwarze Loreto-Madonna in der Wiener St. Ruprechtskirche*

Der im wahrsten Sinne des Wortes kolossalsten Schwarzen Madonna kann man unvermutet an der Côte d'Azur nahe Nizza begegnen. Neben der Kapelle Saint-Hospice am südöstlichen Zipfel der Halbinsel Cap Ferrat steht eine elf Meter hohe Bronzestatue. Sie ist ein neuzeitliches Werk des Künstlers Tranquillo Galbusieri aus dem Jahre 1903. Beim Anblick der „Riesenmaria mit Riesenjesus" bekommt man einen Schreck. Anmut sieht anders aus *(siehe Farbteil Seite 76 rechts oben).*

DIE KLEINE BRAUNE

Ganz anders der Charme schwarzer Schönheiten aus dem frühen Christentum. Woher kamen sie? Bereits im Mittelalter vermutete der in Lüttich geborene Mystiker Rupert von Deutz (um 1070–1129), dass viele dieser Ikonen und Heiligenfiguren ursprünglich aus dem Byzantinischen Reich oder Ägypten stammten. Als Kriegsbeute oder als Geschenke für europäische Herrscher sollen sie schließlich in die Kirchen des Abendlandes gelangt sein.

Montserrat („zersägter Berg") nach einer volkstümlichen Darstellung 1946

Für das ungeklärte Erscheinen der „Lieben Frau von Montserrat" könnte dieser Verdacht zutreffen. Die Pilger nennen Kataloniens berühmte Schutzheilige „La Moreneta" – „die kleine Braune". Ihr Wohnsitz ist die Benediktinerabtei Santa Maria de Montserrat, etwa 40 Kilometer nordwestlich von Barcelona, mitten in einer von Mutter Natur grotesk zerklüfteten Gebirgslandschaft aus Buntsandstein. Der seltsame Anblick bizarrer Türme, Zylinder und Zacken zieht jeden Betrachter in den Bann. In früheren Jahrhunderten konnte man sich das grotesk geformte Steinwunder nur mit dem Sägeeifer überirdischer Engel erklären. Davon leitet sich der Name Montserrat ab – „zersägter Berg". Sein höchster Gipfel, der Sant Jeroni mit 1236 Höhenmetern, kann über gut angelegte Wanderwege erklommen werden. Die meisten Besucher bleiben auf 725 Höhenmetern oberhalb der Ortschaft Monistrol auf einer Plattform „hängen". Hier liegt Montserrats weitläufige Klosteranlage, die mit einer etwas altertümlichen Seilbahn bequem zu erreichen ist *(siehe Farbteil Seite 76 unten).*

Über ein Seitenportal der Basilika gelangen Wallfahrer zur Altarkapelle und über Treppen in die mit Gold, Silber und Mosaiken prunkvoll gestaltete Thronkammer. Die Madonna, 95 Zentimeter groß, aus Pappelholz geschnitzt im byzantinischen Stil, ist bis auf das Gesicht und die Hände (ebenso wie das Jesuskind auf ihrem Schoß) vollständig in Gold gefasst. Die Figur wird von einem Baldachin und einer Glasumhüllung geschützt. Durch eine kleine Öffnung kann eine braune Kugel, die von der Madonna in der rechten Hand gehalten wird, berührt werden. Dieses Symbol des Universums wird – allen Hygienebedenken zum Trotz – gerne von frommen Katalanen geküsst *(siehe Farbteil Seite 77)*.

DIE HEILIGE GROTTE

Nachdem wir „La Moreneta" die Ehre gegeben haben, machen wir uns abseits des touristischen Rummels auf den Weg zur „Santa Cova", die unterhalb des Klosterkomplexes liegt. Vom Abt-Oliba-Platz bringt uns eine Zahnradbahn zur Station, wo der „Rosenkranzweg" beginnt. Eineinhalb Kilometer ist der Fußweg lang, der uns direkt zur Kapelle mit der heiligen Grotte führt. Der Legende nach ist es jene Stelle, wo die Madonna gefunden wurde.

Die älteste erhaltene schriftliche Chronik stammt aus dem Jahre 1239, bezieht sich aber auf ein Ereignis, das bereits 880 stattgefunden haben soll. An einem Samstag, als es schon dämmerte, so wird erzählt, hätten Hirtenjungen eine

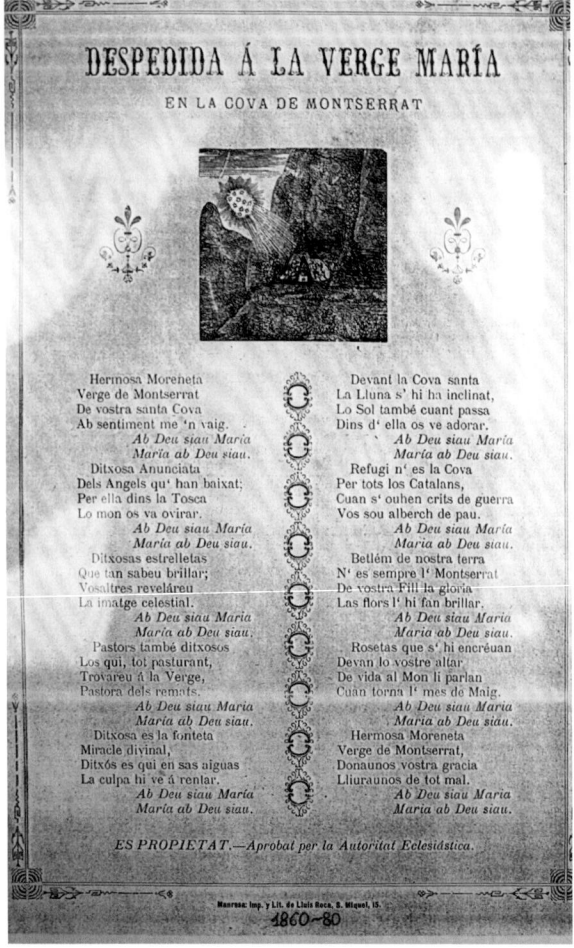

vom Himmel herabschwebende „Lichtwolke" beobachtet. Begleitet von „sphärischen Klängen" blieb sie auf halber Höhe des Bergmassivs bei einer Felsspalte stehen und verschwand. Eine Woche später begaben sich die Kinder (diesmal in Begleitung ihrer Eltern) erneut zum Ort der Erscheinung, wo sich der Himmelsspuk wiederholte. Das Unerklärliche sprach sich rasch im nahe gelegenen Dorf Olesa herum und bald strömten immer mehr Menschen hinauf auf den Berg, um das Phänomen zu beobachten. Als die Erscheinungen über Wochen andauerten und der Bischof von Manresa davon erfuhr, zog er mit kirchentreuem Gefolge zum Erscheinungsort des Lichtphänomens, wo die Figur der Schwarzen Madonna in einer Felshöhle entdeckt wurde. Nach einer anderen Lesart hatte sie zuvor ein Hirtenjunge gefunden.

Was mit der Legende nicht übereinstimmt, ist das Alter der heute verehrten Marienfigur. Sie wird ins 12. oder in die Anfänge des 13. Jahrhunderts datiert. In dieser Epoche entstand die ihr zu Ehren erbaute romanische Kirche, die später erweitert und nach der Zerstörung durch Napoleons Truppen im beginnenden 19. Jahrhundert neu aufgebaut wurde. Gab es ein älteres Gnadenbild von Montserrat, das zeitlich zu den mysteriösen Vorfällen um die „Himmelslichter" passt? Oder haben wir es mit zwei unterschiedlichen Ereignissen zu tun, die erst später religiös miteinander verschmolzen sind? *(siehe Farbteil Seite 77)*

Pilgerziel Loreto

MARIAS HEIMSTÄTTE

Wenn von Schwarzen Madonnen die Rede ist, darf ein sakraler Schauplatz nicht fehlen: Loreto in der mittelitalienischen Region Marken, nahe der Adriastadt Ancona. Besucher des bezaubernden Hügelstädtchens erblicken schon von Weitem die gewaltigen Stadt- und Klostermauern und dahinter die mächtige Kuppel des „Santuario Basilica Pontificia della Santa Casa di Loreto". Hier wird seit Jahrhunderten ein bedeutender archäologischer Schatz gehütet: das legendäre Heilige Haus der Mutter Gottes. Gemäß der Überlieferung ist es jene Heimstätte, in der die Jungfrau Maria vom Erzengel Gabriel erfuhr, dass sie als Mutter des Gottessohns ausersehen sei. Die Verheißung der Geburt des künftigen Erlösers Jesu wird im Lukasevangelium erzählt (Lukas 1, 26–38). Gemeinsam mit ihrem Mann Josef und dem heranwachsenden Gottessohn soll Maria viele Jahre in diesem Haus gelebt haben. Das war in Nazareth, einer Stadt in Galiläa. Wie kann es dann sein, dass das Elternhaus Christi heute in Mittelitalien steht?

Die Basilika vom
Heiligen Haus in Loreto Um die seltsame Ortsversetzung des Gebäudes rankt sich eine fantastische Legende. Wer dem Mysterium auf die Spur kommen will, sollte auf
einen Lokalaugenschein vor Ort nicht verzichten. Elvira und ich reisen
mit der Bahn an. Vom kleinen Bahnhof außerhalb der Stadt wandern wir
einen Kilometer die Scala Santa hinauf zur monumentalen Basilika. Der
geräumige Vorhof, die Piazza della Madonna mit barockem Marienbrun-
nen, vermittelt den Eindruck einer fürstlichen Festung. Links der Palazzo
Apostolico mit Museum und Glockenturm, vis-à-vis der Palazzo Illirico
und dazwischen eingekeilt der Eingang zur Basilika. Beim Betreten fallen
große Bronzeportale auf, die um 1600 entstanden sind. Sie zeigen relief-
artig alttestamentarische Szenen von der Erschaffung Evas bis zur Ver-
fluchung Kains.

Im Kirchenschiff, genau unter der Kuppel, steht ein prunkvolles Säulen-
gebäude aus den Anfängen des 16. Jahrhunderts. Berühmte italienische
Renaissancekünstler haben es im Auftrag von Papst Julius II. mit weißen
Marmorreliefs gestaltet. Wie ein Reliquienschrein bilden sie die prächtig
verkleidete Außenfassade des Marienhauses. An den Seiten führen vier
schmale Einlässe ins Innere zum eigentlichen Heiligtum. Pilger stehen
davor Schlange, wir müssen warten. Es wird um Ruhe gebeten. Gleichzeitig

rutschen vor uns andächtige Büßer auf Knien um den „Marmorwürfel" herum und beten dabei innig viele „Gegrüßet-seist-du- Marias". Die glatt polierten Steine um die *Santa Casa* lassen vermuten, dass der fromme Brauch schon sehr lange besteht *(siehe Farbteil Seite 78)*.

IM ALLERHEILIGSTEN

Die Menschentraube lichtet sich, der Weg ist frei. Wir dringen ins Allerheiligste vor und stehen inmitten einer bescheidenen Backsteinruine, etwa 9,5 Meter lang und 4 Meter breit. Die Innenwände wurden im 14. Jahrhundert von Künstlern mit Votivfresken bemalt. Das originale Baumaterial reicht vom Boden bis in eine Höhe von drei Metern. Das Mauerwerk darüber kam erst im 16. Jahrhundert dazu, ebenso der Gewölbebau. Ursprünglich war das Haus mit Holz überdacht, hatte nur drei Wände und kein Fundament. Die Ostseite der Santa Casa wurde mit einer vierten Ziegelwand ergänzt, vor der sich ein Altar erhebt. Im Zentrum thront die mit einer traditionellen Dalmatik bekleidete Schwarze Madonna von Loreto. Die grazile Schnitzerei stammt aus den vatikanischen Gärten und wurde künstlich geschwärzt. Sie ersetzt eine Statuette, die 1921 einem Brand zum Opfer fiel. Bereits diese war die Kopie einer Vorgängerin. Die Spuren der wahren Ur-Madonna verlieren sich im Dunkel der Geschichte. Das Original verschwand bereits im 16. Jahrhundert. Historiker vermuten, dass es gar keine Figur war, die an diesem Ort abgöttisch verehrt wurde, sondern eine auf Holz gemalte Ikone byzantinischer Herkunft. Es soll eines der legendären Werke des Evangelisten Lukas gewesen sein, auf dem Maria angeblich dank überirdischer Hilfe porträtiert ist.

Die Loreto-Madonna in der Santa Casa

DIE LEGENDE VOM FLIEGENDEN MARIENHAUS

Himmlische Mächte sollen ebenso im Spiel gewesen sein, als im 13. Jahrhundert die Überführung des Marienhauses von Nazareth nach Loreto glückte. Für die christlich orientierte Welt war es eine unruhige, von Kreuzzügen und Kriegswirren geprägte Zeit, besonders im Heiligen Land Palästina. Schenkt man der Legende Glauben, dann haben Engel eine ungewöhnliche Vorsichtsmaßnahme vor möglicher Zerstörung getroffen. Das Datum dafür ist genau dokumentiert: Es war der späte Abend des 10. Mai 1291. Himmelsboten hoben das Gebäude hoch und transportierten es in rasantem Flug über Zypern, Griechenland und

den Balkan ins heute kroatische Tersatto bei Fiume. Dort wurde das Haus noch in derselben Nacht auf wundersame Weise und völlig unbeschädigt auf einer Anhöhe abgesetzt. Noch heute erinnert eine Kirche im Ortsteil Trsat von Rijeka (wie Fiume jetzt heißt) an diesen rekordverdächtigen Engelflug. Historische Quellen nennen Zeugen, die das Wunder mit eigenen Augen gesehen haben wollen.

Es ist streng genommen ein Wunder „auf Raten", denn drei Jahre später, in der Nacht vom 9. auf den 10. Dezember 1294, folgte der zweite Umzug. Aus nicht näher bekannten Gründen erschienen wieder die Himmlischen, hoben Mariens einstmalige Wohnung abermals in die Lüfte und verfrachten sie an einen anderen Ort. Quer über die Adria ging es diesmal nach Recanati in Mittel-Ost-Italien. Zuerst in ein Waldgebiet, das später „Banderuola" genannt wird. Nach diesem Zwischenstopp folgte der dritte Lufttransport, wobei die Last von den Engeln im Garten der beiden Brüder

Antici abgesetzt wurde. Wieder sollen etliche Augenzeugen dem spekta-kulären Schauspiel beigewohnt haben.

Die überraschende Ankunft der heiligen Stätte zog schon bald Neugierige und Fromme an. Pilgerscharen ließen sich die Gelegenheit nicht entgehen, das wundersame Erscheinen des Marienhauses zum Gegenstand christli-cher Andacht werden zu lassen.

Andere Folgen hat das Geschehen bei den Antici-Brüdern. Die bei-den, von Raffgier geplagt, die die Aufteilung der reich fließenden Pilgerspenden bei ihnen ausgelöst hatte, gerieten in einen offenen Streit. Sie neideten sich gegensei-tig ihren Reichtum. Das missfiel den himmlischen Mächten, also erfolgte ein neuerlicher Gebäude-transport. Mariens Heim wurde am 7. September 1295 letztmalig hochgehoben und durch die Lüfte entführt. Diesmal flogen die Engel damit nur wenige Kilometer und setzten das Haus am Hügel von Loreto ab. Dabei ist es geblieben, denn hier steht es noch heute.

Was weniger bekannt sein dürfte: Loreto ist eine alte Erscheinungs-stätte. Die Schrift „Relatio Tera-mani" von 1470 erzählt, dass nahe dem Marienhaus eine Hütte stand, in der ein Eremit namens Paulus

Ausschnitt aus der „Loreto-Chronik" (16. Jhdt.)

lebte. Am Fest Mariä Geburt soll er beobachtet haben, wie zwei Stunden vor Tagesanbruch ein Licht vom Himmel herabgestiegen sei, das sich über der Kirche zerteilt habe, in dem die Jungfrau Maria erschien. Ein Jahrzehnt zuvor hatte sich Maria dem Kardinal Pietro Barbo, dem späteren Papst Paul II., gezeigt, als er sich im Zuge einer schweren Krankheit nach Loreto bringen ließ und um Heilung bat. In einer Vision teilte ihm die Himmels-göttin mit, dass er gesund und bald auf den Stuhl Petri erhoben werde. Tatsächlich wurde der Kardinal 1464 zum Stellvertreter Christi gewählt. Was ist hinter solchen Geschichten zu vermuten? Vom Glaube geprägte, aber letztlich erfundene Erzählungen? Oder doch göttliche Wunder?

Glaube und Wissenschaft

Eine Überführung des Marienhauses via himmlische Luftfracht von Galiläa ins Abendland? An eine überirdische „Engelmission" zu glauben fällt schwer. Mühe hat man mit diesem Gedanken schon deshalb, weil dem Schöpfer des Universums doch gewiss andere Mittel zur Verfügung gestanden hätten, um ein steinernes Gebäude, an dem ihm offenbar viel lag, vor der Zerstörung zu bewahren. Zweifelnde Geister stellten deshalb schon früh den Engelflug und die Echtheit des Gemäuers infrage.

Fresko in Jesi von 1330

Doch wie so oft bei fantastischen Legenden zeigt sich auch im Fall Loreto, dass die Überlieferung einen wahren historischen Kern besitzt. Münzfunde und Urkunden belegen, dass sich bereits im 14. Jahrhundert viele Pilger aus ganz Europa auf den Weg nach Loreto machten, um der Madonna und dem Heiligen Haus zu huldigen. Dafür muss es einen Auslöser gegeben haben. Das älteste erhaltene Fresko, das auf die Ereignisse Bezug nimmt, zeigt, wie zwei weibliche Engel das Marienhaus in die Höhe heben. Das Wandbild stammt aus dem Jahr 1350 und ist in der St.-Markus-Kirche in Jesi bei Ancona zu besichtigen.

In den letzten Jahrzehnten haben Archäologen und Kunsthistoriker sowohl in Nazareth wie in Loreto umfangreiche Forschungen betrieben. Was dabei an neuen Erkenntnissen gewonnen wurde, überrascht in mehrfacher Hinsicht.

RÄTSELHAFTES IN NAZARETH

Die größte Kirche im Nahen Osten ist die Verkündigungsbasilika in der nordisraelischen Stadt Nazareth. Es ist das fünfte Gotteshaus, das über einer kleinen Felsenhöhle errichtet wurde, die bereits im 2. Jahrhundert eine Pilgerstätte war. Hier soll der Überlieferung nach der Engel Gabriel der Jungfrau Maria erschienen sein. Bereits in den 1960er-Jahren haben Ausgrabungen nachgewiesen, dass vor der Grotte tatsächlich ein gemauertes Haus existiert haben muss. Haus und Höhle (Letzteres vielleicht als Andachts-, Vorrats- oder Lagerraum genutzt) bildeten eine Einheit. Die Fundamente des fehlenden Gebäudes stimmen mit den Abmessungen der Santa Casa in Loreto überein! Weiters bestätigen Ausgrabungen und Vergleiche in Nazareth und Loreto, dass das Heilige Haus nur aus drei Wänden bestand. Die Ostseite, an der sich der jetzige Altar mit der Schwarzen Madonna befindet, war ursprüng-

lich offen und stellte den Durchgang zur Grotte dar. Vom Heiligen
Haus in Loreto wurde behauptet,
es sei ohne Fundamente errichtet
worden, wäre zunächst auf einer
öffentlichen Straße gestanden und
sei später von einer Stützmauer
umgeben gewesen, da die Statik
gefährdet schien. Alle drei Eigen-
heiten der Bauweise konnten
durch Ausgrabungen in Loreto –
unter der Leitung des italienischen
Archäologen Prof. Nereo Alfieri
(1914–1995) – bestätigt werden.
Als das Marienhaus in Loreto noch
im freien Gelände stand, war es allen Unwettern ausgesetzt, da sich
die einzige Türe auf der Nordseite
befand. Das einzige Fenster auf der
Westseite, heute „Engelfenster" genannt, verhinderte kurioserweise
das Eintreten von Tageslicht. Ein
Widerspruch zu den einfachsten
Regeln damaliger Baugewohnhei-
ten. Nicht aber, wenn man das Gebäude gedanklich zurück nach

Nazareth überführt und es dort auf die Überreste seiner Fundamente stellt.
Dann befindet sich der Eingang im Westen und das Fenster liegt im Süden.

*Die Verkündigungs-
grotte in Nazareth*

Das Marienhaus von Loreto entspricht in bauhandwerklicher Hinsicht
keinem bekannten Stil, der im Mittelalter in der Marken-Region üblich war,
sondern wurde nach altem palästinensischem Muster errichtet. Das bestätigt sich durch die Bearbeitung vieler Steinoberflächen. Die Anwendung
stimmt mit einer speziellen Technik überein, die bei den Nabatäern, einem
Nachbarvolk der Hebräer, gebräuchlich war.
Auf den Ziegelsteinen des Heiligen Hauses wurden circa 60 Graffiti entdeckt und entziffert, darunter ein Kreuz mit Halbkreis. Es sind Symbole
für „Pleroma" und „Chenoma". Für hebräische Christen bedeuten sie „Voll-
kommenheit und Unvollkommenheit des Himmels und der Erde". Eine
weitere griechisch-hebräische Inschrift lautet „Iesou Xriste tou Theou"
(„Jesus Christus, Sohn Gottes"). Der gleiche Text ist in der kleinen Grotte
von Conone in Nazareth in den Fels eingraviert. Die Aushöhlung ist wegen ihrer rätselhaften Inschriften aus den Anfängen des Christentums bekannt und liegt in unmittelbarer Nähe zur Verkündigungsbasilika mit der
„Marienhaus-Grotte".

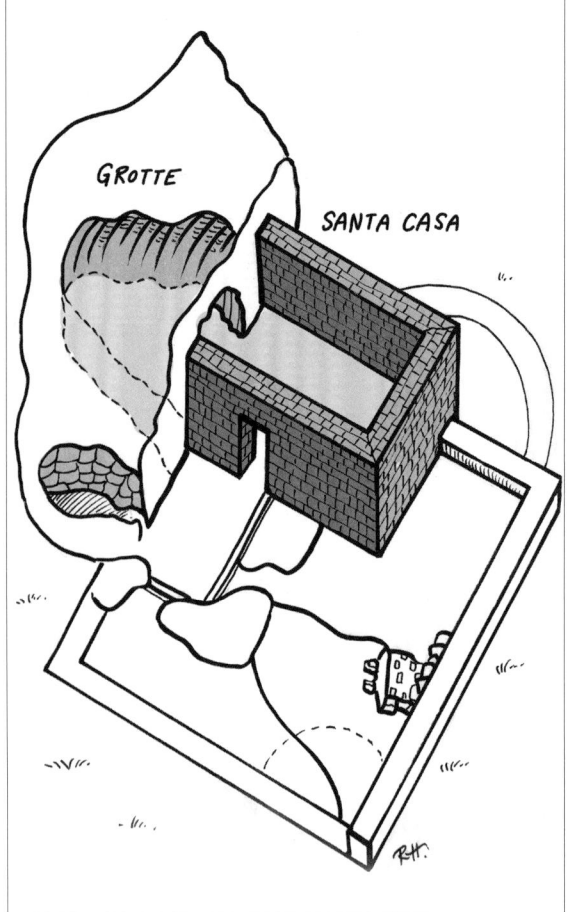

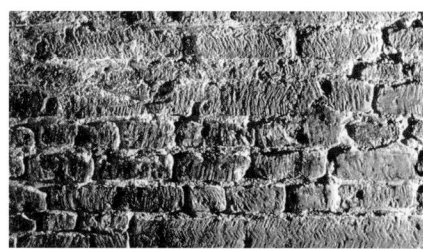

ÜBERFÜHRUNG DURCH MENSCHLICHE „ENGEL"?

1985 wurde im Palazzo di Collesano in Palermo ein brisantes Dokument entdeckt. Es trägt den Titel „Chartularium Culisanense" und stammt aus dem Jahre 1294. Gemäß der Legende ist es das Jahr, wo das Marienhaus in Recanati „landete", bevor es Monate später seinen endgültigen Platz ein paar Kilometer weiter in Loreto erhielt.

OBEN:
Die Fundamente des fehlenden Gebäudes in Nazareth stimmen mit der Santa Casa von Loreto überein.

RECHTS OBEN:
Der Unterteil der Mauer entspricht dem Baustil der Nabatäer.

RECHTS UNTEN:
Griechisch-hebräische Schriftzeichen auf den Ziegeln der Santa Casa

Aus dem Schriftstück geht hervor, dass im September desselben Jahres Philipp I. von Tarent (Sohn König Karls II. von Neapel) in L'Aquila heiratete. Als Braut wird Thamar Angelina Komnene genannt, Tochter von Nikephoros I. Komnenos Dukas Angelos. Dieser war der Herrscher von Epirus, einem Nachfolgestaat des Byzantinischen Reiches im westlichen Griechenland.

In der Inventarliste zur Aussteuer werden „Heilige Steine" angeführt „die vom Hause Unserer Lieben Frau, Mutter Gottes und Jungfrau, herbeigebracht worden waren". Erwähnt wird ebenso eine gemalte Ikone, die eine „Schwarze Madonna mit Kind" zeigt.

Himmlische Gesandte waren demnach für die Ortsversetzung des Heiligen Hauses nicht vonnöten. Das deckt sich mit einigen mittelalterlichen Gemälden und Drucken. Sie zeigen Engelwesen, die Marias Herberge nicht über die Wolken befördern, sondern auf einem Boot über das Wasser ziehen und begleiten. Historiker vermuten daher, dass sich die Vorstellung eines Lufttransportes dank „Engelflug", simpel aus dem Beinamen des Brautvaters Nikephoros I. Angelos und seiner griechischen Herrscherfamilie ableiten lässt: *Angelo* – „Engel".

Was noch für eine Überführung von Menschenhand per Schiff über den Seeweg spricht: vier kleine Kreuze und ein Pilgerstab aus Stoff. Sie kamen überraschend in einem Hohlraum zwischen den Steinen des Heiligen Hauses ans Licht. Es sind Embleme, die Kreuzfahrer auf ihren Gewändern geheftet hatten. Es gibt noch mehr archäologische, historische und ikonografische Zeugnisse, die den Wahrheitsgehalt der Loreto-Legende stützen. Offenkundig wurde im 13. Jahrhundert tatsächlich das original Baumaterial des Marienhauses abgetragen, um es vor mohammedanischen Eroberern zu retten und um es als Heiligtum in Mittelitalien wieder aufzubauen.

Einen Haken hat die anerkannte These aber doch: Wieso existiert zur Übertragungslegende von Loreto eine 230 Jahre ältere Variante? Die Frage führt uns in die englische Grafschaft Norfolk in die Gemeinde Walsingham, die im Mittelalter „Englands Nazareth" genannt wurde. Dazu bemerkte der Theologe und Kunsthistoriker Professor Dr. Alfred Läpple (1915–2013) in seiner 1990 veröffentlichten Studie: „Im Jahr 1061 erschien Maria dreimal der Witwe Richelde de Fervaques. Die Gottesmutter gab ihr den Auftrag, in Walsingham maßstabsgetreu das Haus von Nazareth nachzubauen. Der begonnene Bau wurde geheimnisvoll durch Engel (*by angels hands*) in einer Nacht vollendet."

In der Folge war die Stätte Ziel von Wallfahrten, denen sich fast alle Könige und Königinnen aus Glaubensüberzeugung anschlossen – bis 1538. Dann ließ König Heinrich VIII. (1491–1547) das Marienhaus im Zuge seiner Reformation zerstören. Heute erinnert man sich wieder der alten Legende mit zwei Marienwallfahrtsstätten, einer anglikanischen und einer katholischen *(siehe Farbteil Seite 80 rechts oben).*

Als die Schwarze Madonna
zum Mond flog

Engelflug hin oder her, seit 24. März 1920 ist die Schwarze Madonna von Loreto die Schutzpatronin der Ballonfahrer, Flugkapitäne und Astronauten. Offenbar ermutigt durch die flugtechnische Leistung beim Transport des Nazareth-Hauses nach Italien verlieh ihr Papst Benedikt XV. (1854–1922) diesen Ehrentitel. Es ist nicht das einzige Kuriosum. In der Basilika von Loreto begegnet einem das Außerirdische! Chor und Querschiff werden von einem Kapellenkranz mit 13 Andachtsräumen umrahmt. Jeder davon ist einem anderen Land gewidmet. Eine österreichische Kapelle habe ich nicht entdeckt, aber dafür eine der Schweizer, der Deutschen, der Spanier, der Polen und andere mehr. Die Gestaltung wurde immer von Vertretern der jeweiligen Nationen übernommen. Was Kirchenbesucher leicht übersehen können, ist ein fantastisches Wandgemälde in der amerikanischen Kapelle, genannt „Cappella dell'Assunta o Americana". Sie wurde in den Jahren 1953 bis 1970 mithilfe von Spenden amerikanischer Katholiken ausgestaltet. Steht man im Zentrum des Raums und blickt nach vorne zum Altar, schmückt ein außergewöhnliches Werk des Künstlers Beppe Steffanina die rechte Mauerseite. Das neuzeitliche Fresko reicht vom Boden bis zur Decke und zeigt Szenen und Details, die für ein katholisches Gotteshaus ungewohnt sind.

Im unteren Abschnitt ist eine Gruppe zeitgenössischer Persönlichkeiten dargestellt. Papst Benedikt XV. hält das Dekret der Ernennung der Himmelskönigin Maria zur Schutzpatronin der Luftfahrt in der Hand. Daneben sind seine Nachfolger Pius XI. und Johannes XXIII. abgebildet, die 1922 beziehungsweise 1962 die Loreto-Madonna gekrönt haben. Links davon erblicken wir den geflügelten Ikarus und das Universalgenie Leonardo da Vinci. Über ihren Köpfen kommt rasant ein Engel angeflogen und links darüber befindet sich ein Flugzeug auf dem Weg zu den Vereinten Nationen. Mit an Bord (1965) Papst Paul VI. Ganz rechts auf dem Gemälde wird es noch bunter. Da strahlen drei moderne Weltraumpioniere ins Bild: Der russische Kosmonaut Juri Alexejewitsch Gagarin, 1961 der erste Mensch im All, *Gemini-* und *Apollo-*Astronaut James McDivitt sowie Neil Armstrong, der 1969 als erster Mensch den Mond betrat.

Etwas versteckt im Hintergrund blickt ein bekanntes Politikerporträt aus der Menschenmenge: Präsident John F. Kennedy. Aufgeschreckt wegen der sowjetischen Weltraumerfolge hielt er im Mai 1961 vor dem US-Kongress eine berühmte Rede, in der er das Ziel vorgab, noch im selben Jahrzehnt einen Menschen zum Mond und wieder zurück zu bringen. Es war der Startschuss für das *Apollo-*Programm. Hinter Kennedy und den Raumfahrern ragt himmelwärts eine Mondrakete empor, umschwirrt von einem Ballon, einem Zeppelin und einem Flugvehikel. Die Mitte des unteren Bildsektors illustriert eine feierliche Prozession. Geistlichkeiten tragen gemeinsam mit adrett gekleideten Flugkapitänen die Schwarze Madonna von Loreto.

Über all dem schwebt Marias Heim, ins All entführt von sieben Engeln. Der Merkwürdigkeiten nicht genug, hat der

Apollo 9 mit der Schwarzen Madonna an Bord

Maler links darüber zwei unbestimmte Flugobjekte im Sternenmeer verewigt, die klassischen „fliegenden Untertassen" gleichen. Sie sind im oberen Bildabschluss fast nicht zu erkennen, weil sie vom Licht der Deckenleuchte überstrahlt werden. Das Witzige dabei: Die runde metallische Lampe mit kleinen runden Öffnungen gleicht im Design den abgebildeten UFOs mit „Fensterluken". Mehr noch: Aus dem „Engelfenster" des fliegenden Marienhauses guckt eine Gestalt hervor, die vermutlich den Heiligen Geist symbolisieren soll, aber mehr dem bekannten Typ des kleinen grauen Außerirdischen ähnelt!

Was mag den Künstler zu dieser Fantastik inspiriert haben? Sind die bizarren Details den strengen Augen der Kirchenautorität entgangen? Oder weiß man davon und toleriert sie? Vielleicht im universellen Sinne, dass selbst fremde E.T.s letztlich Gottes Geschöpfe wären? Was die philosophische Streitfrage himmlisch ergänzt: Die Muttergottes hat ihre Weltraumtauglichkeit bereits bewiesen. Vom 3. bis 13. März 1969 unternahm die dreiköpfige Besatzung von *Apollo 9* einen Testflug Richtung Mond. Dabei wurde in der Erdumlaufbahn das Rendezvous- sowie Andockmanöver von Kommandomodul und Mondfähre erprobt. Am Mondfahrzeug angebracht war eine Medaille mit dem Gnadenbild der Schwarzen Madonna von Loreto! Der amerikanische NASA-Astronaut James McDivitt, Kommandant der geglückten Mission, hatte vor dem Flug ins All um die Plakette der Himmelskönigin gebeten. Eine schöne Anerkennung der überirdischen Schutzpatronin aller Menschen, die nach den Sternen greifen!

Das „Loreto-Kindl" und die „Schwarze Kuchl"

SEGNUNG IN SALZBURG

In der Kunstepoche des Barock avancierte Loreto zu einem der bedeutendsten christlichen Wallfahrtsorte. Mit dazu beigetragen hat die Förderung durch den Jesuitenorden, der in der Zeit der Gegenreformation 1554 die Seelsorge übernommen hatte. Dank der Stiftungen vieler adeliger Pilger entstanden bald darauf in ganz Mitteleuropa unzählige Loreto-Kapellen mit maßstabsgetreuen Nachbauten des Heiligen Hauses.

Aus der heutigen aufgeklärten Weltsicht heraus brachte die Loreto-Faszination recht absonderliche Wallfahrtsbräuche hervor. Das Loreto-Häubchen mit Aufdrucken des Gnadenbilds und dem Marienhaus zum Beispiel. Man pflegte es Priestern, Kranken und Sterbenden auf den Kopf zu setzen. „Durch

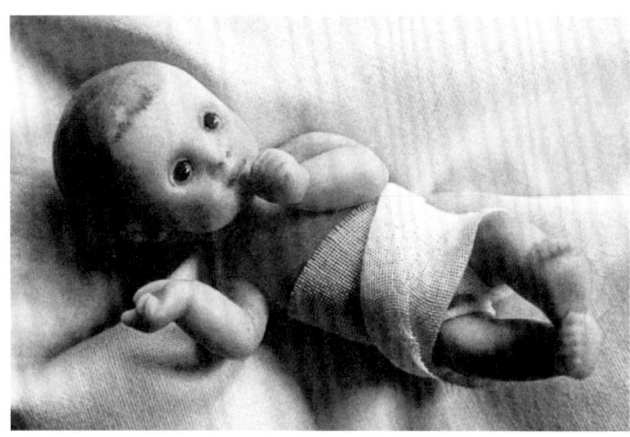

OBEN:

*Das gnadenreiche
Jesulein aus Salzburg*

UNTEN:

*Das Loretokloster
in Salzburg*

Fürbitte der allerseligen Jungfrau" wurde Schmerzlinderung „von oben" garantiert. Der heilige Kopfputz wurde gerne in Polster eingenäht und Soldaten trugen ihn im Unterfutter ihrer Helme als Schutz gegen Feinde. Beliebt waren ebenso Loreto-Glöckchen, deren Klang gegen böse Geister, Besessenheit und Unwetter helfen sollte.

Ein possierlicher Loreto-Brauch hat sich in der Stadt Salzburg ins 21. Jahrhundert hinübergerettet. Es gibt nach wie vor die tägliche Segnung mit dem „wundertätigen Loreto-Kindl". Das putzige Jesulein ist aus Elfenbein geschnitzt, misst etwa zehn Zentimeter und trägt ein edelsteinbestücktes Kleidchen sowie Krönchen und ein Zepter.

Wer der Künstler war, weiß man nicht, aber um 1650 gelangte das Christkindl nach Salzburg, ins Loretokloster der Kapuzinerinnen in der Paris-Lodron-Straße. Dem Kloster angeschlossen ist die kleine Kirche St. Maria Loreto, wo das Püppchen auf dem Sakramentsaltar in einem 1731 eigens hergestellten Goldtabernakel thront. Der Segen mit dem „gnadenreichen Kindlein" wird mehrmals täglich zu bestimmten Zeiten erteilt.

Elvira und ich wollen dem Ritus beiwohnen und schreiten zur Klosterpforte.

Eine handgeschriebene Notiz weist den Weg und wir stehen nach wenigen Metern in einem schlichten Andachtsraum. Wir sind an diesem Tag offenbar die einzigen Büßer. Eine Wandseite weist ein vergittertes Fenster auf. Plötzlich rattert es und ein kleines Türchen öffnet sich. Es erscheint eine Klosterschwester, die uns das „gnadenreiche Jesulein" durch die Pforte reicht. Nach strenger Tradition knien wir davor und spüren am Kopf – begleitet von dem Segensspruch – die sanfte Berührung des Loreto-Kindls. Die Zeremonie dauert nur wenige Sekunden und die Gitteröffnung schließt sich wieder *(siehe Farbteil Seite 80 links oben)*.

Was das Loreto-Klosterkirchlein noch einzigartig macht: Hier sind die originalgetreuen Wiedergaben von gleich drei der berühmtesten Schwarzen Madonnen zu sehen. Auf der rechten Seitenkapelle die Figur der Loreto-Madonna, am Hauptaltar das Gnadenbild von Altötting und in der linken Seitenkapelle steht die Muttergottes des Schweizer Wallfahrtsorts Maria Einsiedeln. Aller guten Dinge sind eben drei!

LINKS:
Die Salzburger Loreto-Madonna

RECHTS:
Replik der Schwarzen Madonna von Einsiedeln

TEMPELSCHLAF UND MONDIDOLE

Viele Loreto-Kultstätten sind mittlerweile zerstört. Einige jedoch, die zu großen Kirchen erweitert wurden, sind unversehrt geblieben. Dazu gehört in Österreich – neben der barocken Wallfahrtskirche Maria Loreto im historischen Stadtgebiet von St. Andrä in Kärnten – vor allem der Gnadenort Loretto im Burgenland. Die Schreibweise ist eine andere, an der Bedeutung

ändert das nichts. Das Marienheiligtum liegt etwa 40 Kilometer südlich von Wien am Nordrand des Leithagebirges. Von einer Wallfahrt zum italienischen Wunderort Loreto inspiriert, ließ Freiherr Rudolf von Stotzingen 1644 eine originalgetreue Kopie der *Santa Casa* errichten. Für den Nachbau wählte der Aristokrat einen Platz, wo zuvor eine Johanneskapelle gestanden war. Sie wurde 1529 im Zuge der Ersten Wiener Türkenbelagerung von osmanischen Truppen zerstört. Im neu gebauten Marienhaus fand eine Replik der Schwarzen Madonna von Loreto ihr würdiges Zuhause.

Die Herrin der „Schwarzen Kuchl", so nennen die Burgenländer das Heilige Haus, genießt noch heute große Verehrung und ist Ziel vieler Wallfahrten. Die originellste ist die „Kroatenwallfahrt" an jedem dritten Sonntag im September. Nach altem Brauch verbringen einige Pilger die Nacht vor dem Festtag betend, singend und schlafend in der Kirche. In diesem Zusammenhang erinnerte der Heimatforscher Karl Lukan (1923–2014) in seinem „Burgenlandbuch" an den antiken Kult des „Tempelschlafes": „Er wurde später auch von den Christen des Balkans übernommen und soll mit den seinerzeit im Burgenland angesiedelten Kroaten in diesen Ostzipfel Österreichs gekommen sein."

Es gibt noch eine seltsame Spur ins Altertum. Loretto ist eine der größten urgeschichtlichen Fundstellen Österreichs. Hier wurden Hunderte keltische und illyrische Gräber aus der Vorzeit entdeckt. Unter den Grabbeigaben fanden sich sichelförmige Relikte aus Ton. Einige davon haben bis zu fünf Löcher oder symmetrische Linien eingraviert. Archäologen deuten diese Grabbeigaben als „Mondidole". Einer These des Schweizer Forschers Martin Kerner zufolge könnten solche Gegenstände bereits in der Bronzezeit als astro-geodätische Messinstrumente Verwendung gefunden haben. Gewiss ein Zufall, dennoch bemerkenswert: Die christliche Ikonografie kennt das weitverbreitete Motiv der „Mondsichelmadonna". Die Muttergottes steht auf einer Mondsichel und hält meist das Jesuskind in ihren Armen. Und die Schwarze Loreto-Madonna? Sie ist seit Jahrhunderten mit einem Gewand aus Dalmatien bekleidet, das fünf auffällige sichelförmige Muster zeigt.

Die Schwarzen Mädeln von Wien

DIE SCHWARZE AUGUSTINER-MADONNA

Was heute in Wien nur mehr Kunstfreunde wissen: In der Kaiserstadt stand im 17. Jahrhundert ebenfalls eine Kopie des Heiligen Hauses. Prinzessin Eleonora Gonzaga von Mantua (1598–1655) sandte dafür eine Delegation von Architekten nach Loreto, um die exakten Maße abzunehmen. Am 12. September 1627 wurde die Wiener *Santa Casa* im Mittelschiff der kaiserlichen Hofpfarrkirche geweiht. Heute kennt man das Gotteshaus unter dem Namen Augustinerkirche.

Wie alle bedeutenden Loretokapellen wurde auch die Wiener Wallfahrtsstätte von einer Schwarzen Madonna behütet.

OBEN:
Spätbronzezeitliche „Mondhörner"

UNTEN:
Die Schwarze Madonna in der Wiener Augustinerkirche

Kaiser Ferdinand II. (1578–1637), Gemahl der Loreto-Stifterin Eleonora, legte am Altar vor ihr das Gelübde ab, den Katholizismus im gesamten Habsburgerreich wieder als allein bestimmende Religion zu verbreiten. Die innige Marienverehrung entfaltete eigenwillige Rituale: Neugeborene Erzherzöge aus dem Hause Habsburg wurden in Gold aufgewogen und ihr Wert als Kirchenspende auf den Altar der Loreto Madonna gelegt. Noch seltsamer: Die Körper der verstorbenen Monarchen wurden in der Kapuzinergruft bestattet, die Eingeweide kamen in die Herzogsgruft des Stephansdoms und die

Herzen in die Augustinerkirche. Dort wurden sie in einer kleinen Herzgruft des Heiligen Hauses aufbewahrt.

Als die Gnadenstätte 1784 im Zuge der Regotisierung der Kirche abgetragen wurde, war die Empörung unter der Wiener Bevölkerung groß. Der Protest bewirkte eine Neuerrichtung, allerdings ohne *Santa Casa.* Das Glück hielt nicht lange. Während der napoleonischen Kriege wurde die kostbare Silberausstattung 1809 eingeschmolzen und viele Kunstschätze gingen verloren. Was in der Augustinerkirche im Albertina-Trakt der Wiener Hofburg erhalten blieb, ist dennoch sehenswert: die renovierte Loretokapelle im Bereich des ehemaligen Heiligen Hauses, die neu gestaltete Gruft mit den Urnen der Habsburger-Herzen und die tiefschwarze Madonna mit Kind.

Kirche St. Ruprecht

DIE SCHWARZE ST.-RUPRECHT-MADONNA

Im ältesten erhaltenen Gotteshaus der Donaumetropole, der im Jahre 740 gegründeten Kirche St. Ruprecht, ist eine weitere Schwarze Madonna aus Loreto erhalten. Sie fristet ihr Dasein etwas stiefmütterlich in einem dunklen Andachtsraum unter dem Turm, den man unwissentlich auch mit einer Besenkammer verwechseln könnte. Die schwarze Schönheit und das schwarze Bübchen, beide im rot-blauen Festkleid und goldener Krone, hätten sich einen würdigeren Platz mit mehr Aufmerksamkeit verdient. 1830 wechselte die Loreto-Madonna als Geschenk der Familie Schönthon von der Leopoldstadt (heute der 2. Wiener Gemeindebezirk) in die Innere Stadt zu St. Ruprecht. Damit erschöpft sich leider die Quelle zur Herkunft und Bedeutung dieser Madonnenfigur *(siehe Farbteil Seite 80 rechts unten).*

DIE SCHWARZE KAHLENBERG-MADONNA

Es gibt in Wien noch eine dritte Schwarze Madonna. Eine Verbindung zu Loreto besteht nicht und sie ist auch keine Schnitzerei, sondern die auf Holz gemalte Kopie der „Schwarzen Madonna von Tschenstochau" (heute Częstochowa) aus Oberschlesien. Zur ewigen Nationalheiligen der Polen pilgern alljährlich Millionen Gläubige nach Jasna Góra.

Weltweit werden zahlreiche Repliken an Wunderorten verehrt, teils an exotischen Plätzen wie auf der Karibikinsel Haiti. Polnische Einwanderer und

Missionare brachten Heiligenbilder der Schwarzen Maria mit. Das blieb nicht ohne Folgen, jedoch anders als von den Heidenbekehrern gedacht: Die Haitianer vermischten die Bildnisse mit ihrer dunklen Voodoo-Göttin Ezili Dantor.

In Wien orientiert man sich streng katholisch an der Originalvorlage. Als Sitz dient der Gipfel des 484 Meter hohen Kahlenbergs. Die Stelle mit beliebter Panoramaterrasse bietet Besuchern einen atemberaubenden Blick über die Donaumetropole. Von diesem Schicksalsort aus wurde die Stadt bei der Zweiten Türkenbelagerung 1683 vom sogenannten Entsatzheer der „Katholischen Liga" befreit.

Die Schwarze Madonna
von St. Ruprecht

Ihr Oberbefehlshaber war der Polenkönig Johann III. Sobieski. Aus seinem Reich brachte er die Kopie der Madonna mit und trug bei der Entscheidungsschlacht ihr Abbild auf seiner Reichsfahne. Die geglückte Rettung Wiens vor der osmanischen Bedrohung führen Gottesfürchtige seither auf den beschützenden Segen der Schwarzen Madonna zurück. Daran erinnert am beliebten Wiener Hausberg die St. Josefskirche, wo das Gnadenbild die Wand eines Seitenaltars schmückt.

Ergänzendes zum Original: Der Tradition zufolge hat es angeblich der Evangelist Lukas auf die Platte eines Tisches aus Zypressenholz gemalt, den die Heilige Familie in Nazareth benutzte. Es heißt, das Bild sei von der heiligen Helena, der Mutter Konstantins des Großen, des ersten christlichen Kaisers, um 330 nach Konstantinopel (heute Istanbul) gebracht worden. Dort soll das Heiligenbild fast 500 Jahre lang verehrt worden sein, bis es der Kaiser von Byzanz einem ukrainischen Fürsten zum Geschenk machte. Über Kiew gelangte die Ikone dann 1382 ins Paulinenkloster von Jasna Góra.

Das Wunderbild gilt als unzerstörbar. Tatsächlich hat es über Jahrhunderte unzählige Kriege und Barbareien tapfer überstanden. Wären da nicht übereifrige Restauratoren: Bei der Bemühung, Schäden zu tilgen, wurde nicht nur einmal gepfuscht. Die Ikone wurde mehrfach übermalt und verändert. Trotz modernster Technik und Infrarotanalyse ist es Historikern bisher nicht gelungen, das ursprüngliche Aussehen der Schwarzen Madonna zu rekonstruieren. Eine unerklärliche (nicht durch Kerzenruß verursachte) und sich ständig verstärkende Verdunklung des Gemäldes lässt Schwarzmaler befürchten, dass die Gesichtszüge der „Madonna von Tschenstochau" demnächst ganz verschwunden sein werden *(siehe Farbteil Seite 80 links unten)*.

Was alle schwarzen Madonnen an den Stätten ihrer Verehrung seit Jahrhunderten verbindet. Ihr wahres Gesicht, ihr göttliches Geheimnis und ihre dunkle Vergangenheit blieben bewahrt und sind weiterhin unergründlich. Das erklärt zumindest ihre ungebrochene magische Ausstrahlung in einer säkularisierten Welt. Einen zärtlichen Wink zur Allmacht der wundersamen Göttin liefert das Hohelied Salomons im Alten Testament (Kapitel 1, Vers 5):

„Ich bin schwarz, aber gar lieblich, ihr Töchter Jerusalems,
wie die Hütten Kedars, wie die Teppiche Salomos."

PFORTE INS HÖLLENREICH

Pompejis Ruinen, Solfataras Schwefelwelt und
die Blutwunder des heiligen Januarius

„Und wie wir eben Menschen sind,
wir schlafen sämtlich auf Vulkanen."

Johann Wolfgang von Goethe (1749–1832)

Urbilder der Hölle

Gibt es die Hölle wirklich? Existiert eine Stätte der Verdammnis, wo teuflische Dämonen ihr Unwesen treiben? Ein satanischer Vergeltungsort für arme Sünder, irgendwo im Jenseits oder in einem tiefen Abgrund der Erde?

Schon im altägyptischen Jenseitsglauben heißt es, dass „Feuerströme" und feuerspeiende Kreaturen das Weiterleben nach dem Tode bedrohen. Ähnliches erfahren wir aus den heiligen Büchern altindischer Sanskrittexte. Demzufolge sollen geächtete Seelen in einem finstern Verlies den Höllenqualen wehrlos ausgesetzt sein. Die vorchristlichen Germanen kannten

SEITE 100:
*Der Autor am
Eingang zur
Gennaro-Katakombe*

ebenfalls ein schauriges Höllenbild. Die nordische Mythologie erzählt von der Todesgöttin Hel, die in einem unterirdischen Aufenthaltsort über ihr Reich herrscht. Auch das Wort „Hölle" lässt sich von der germanischen Sprachwurzel *hel* (verbergen) ableiten.

Ebenso wissen alle großen Weltreligionen – Buddhismus, Judentum und Islam – von einem Ort der Verdammnis. Laut dem Koran (Sure 11,108) kommen die Ungläubigen ins Höllenfeuer von Dschahannam und bleiben darin, solange Himmel und Erde bestehen.

UNTEN:
*„Die Verdammten
in der Hölle": Figuren-
gruppe am Südportal
der Kathedrale von
Chartres*

Nicht viel anders im Christentum: In der Hölle herrschen „Heulen und Zähneknirschen", mahnt das Neue Testament (Matthäus 13,42).

Nach katholischer Doktrin ist es die unwiderrufliche „Endstation", ewige Strafe und Sühne, in welcher der Mensch nach Tod und Gottesgericht das Heil nicht erlangt hat. Glaubt man dem Klerus, sind arme Seelen im Fegefeuer etwas besser dran. Gemeint ist eine Art Zwischenreich, ein Ort der demütigen Reinigung, in dem von satanischen Geistern gepeinigte Sünder ihre Verfehlungen und Gottesferne bereuen können. Nach einer auferlegten Bußzeit werden die Geläuterten dank himmlischer Gnade doch noch ins Paradies aufgenommen. Diese Vorstellung gehörte ursprünglich nicht zur christlichen Glaubenslehre.

In der Bibel wird das Fegefeuer mit keinem Wort erwähnt. Der Begriff kam über die Gnosis des antiken Persien und den Hellenismus in die christliche Theologie. Erst Papst Gregor I. (um 540–604) führte im 6. Jahrhundert die Lehre vom Fegefeuer im Christentum ein. Religionswissenschaftler erklären, dass der Gedanke an ein Flammenmeer als Ort der Strafe von der Hoffnung herrührt, dass es einen Ausgleich für die guten und bösen Taten jenseits des Lebens gebe. Was uns wirklich nach dem Ableben erwartet, weiß niemand. Und doch sind weltweit viele glaubwürdige und überprüfte Fälle der Nahtodforschung belegt, in denen Komapatienten nach einem klinischen Tod ins Diesseits zurückkehrten. Die Erfahrungsberichte gleichen einander: Menschen erzählen von anderen Bewusstseinszuständen und davon, dass sie in einem Lichtschacht oder Tunnel in höhere Sphären aufgestiegen wären. Der Gedanke an ein Fortleben in einer neuen Form ist zumindest tröstlich. Kann es für Übeltäter auch ein Platz im Schlund der Verdammnis sein?

Vernunftmenschen halten diese volkstümliche Vorstellung für Aberglauben. Wenn alles aber nur Humbug ist, weshalb gibt es dann in vielen Kulturen und Religionen das Bekenntnis zum Höllenreich? Woher kam der weltumspannende Geistesfunke?

Dante und die Phlegräischen Felder

UNTERIRDISCHES FEUERREICH

Viele Historiker behaupten, dass es einen realen Auslöser für die kulturübergreifenden Höllenvisionen gibt. Sie verweisen dabei auf überlieferte Beobachtungen vulkanischer Phänomene und heißer Schwefelquellen, die von frühen Völkern zu Pforten in die höllische Unterwelt erklärt worden sind.

Indizien dafür gibt es jede Menge. Ein Beispiel führt auf die Kanareninsel Teneriffa, wo nach altem Volksglauben im Inselvulkan Pico del Teide der

Teufel hausen soll. Vulkanische Tipps liefert ebenso die griechische Mythologie, wo es heißt, dass die tiefste unterirdische Strafregion Tartaros von einer dreifachen Mauer mit Feuerstrom umschlossen sei, die „glühende Steine" und „siedenden Schlamm" mit sich führe. Auch der christliche Kirchenvater Tertullian (um 150–220 n. Chr.) nimmt darauf Bezug. Er erklärte Vulkane als Beweis für eine „Feuerhölle", die verborgen im Erdinneren brutzeln soll.

Zwischen dem 13. und 18. Jahrhundert hatten die Ängste um Höllenqualen und Flammentod Hochsaison. Inquisition und Hexenprozesse haben uns diese grausamen Feuermale in Dokumenten hinterlassen. In dieser finsteren Epoche entstanden die einprägsamsten Kunstwerke über Hölle und Teufel. Dazu kamen die fantastischen Erzähler mit „realistischen" Schilderungen des Grauens. Als gewaltigstes Beispiel gilt die „Göttliche Komödie" des italienischen Weltliteraten Dante Alighieri (1265–1321). In seinem Hauptwerk wimmelt es von Versen mit kryptischer Symbolik und philosophischer Vieldeutigkeit. Vom italienischen Genius ließ sich auch der amerikanische Autor Dan Brown inspirieren, als er 2013 die Lunte zu seinem umstrittenen Bestseller „Inferno" zündete. Ein Begriff, der auf das lateinische *infernus* zurückgeht, das sich wiederum von *inferus*, „unterirdisch", ableitet *(siehe Farbteil Seite 145 links unten)*.

NEAPELS IDYLLISCHE HÖLLE

In Dantes Werk wird der Ort für den Eingang zur Hölle punktgenau beim Namen genannt: die Region um die Metropole Neapel im süditalienischen Kampanien. Nicht ohne Grund, denn tief unter der traumhaften Landschaft brodelt es hier seit Jahrmillionen. Nur wenige Kilometer östlich der Stadt erhebt sich der immer noch aktive Vesuv *(siehe Farbteil Seite 145 oben)*. Der wegen seiner wiederkehrenden Eruptionen gefürchtete, 1.281 Meter hohe „Höllenberg" ist nicht der einzige Gefahrenherd am Golf von Neapel. Das heiße Pflaster erstreckt sich ebenso entlang der Mittelmeerküste westlich der Metropole. Man kennt es unter der Bezeichnung „Phlegräische Felder" (*Campi flegrei*). Rund 50 Eruptionszentren sind auf einer 150 Quadratkilometer großen Fläche rund um die Hafenstadt Pozzuoli lokalisiert worden. Innerhalb dieser feurigen Zone bilden sich seit Urzeiten stets neue Krater mit kochendem Schlamm, Schwefelkristallen und Mineralquellen. Besonders dramatisch geschah dies 1538, als infolge einer Erdbebenserie der 133 Meter hohe Monte Nuovo plötzlich aus dem Boden wuchs.

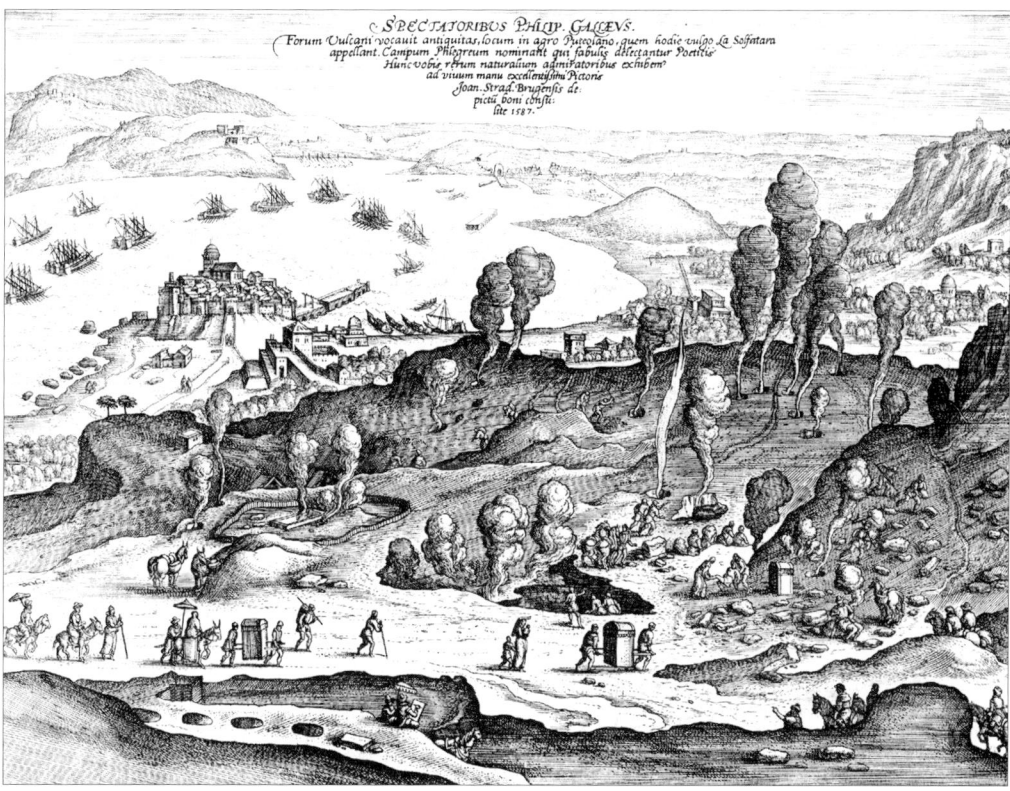

Die alten Griechen und Römer waren davon überzeugt, dass die Phlegräischen Felder mit der Unterwelt verbunden seien. Die siedende Umgebung war der Überlieferung nach auch der mythologische Aufenthaltsort des römischen Feuergottes Vulcanus. Gegenwärtig quellen und blubbern in dieser Gegend statt Lavafontänen „nur" stinkende Schwefelgase aus dem Erdinneren empor.

Die Phlegräischen Felder bei Neapel (von Jan van der Straet, 1587)

GEHEIMNISVOLLES GEWÄSSER

Innerhalb der Gefahrenzone, nördlich der Ortschaft Baia, liegt der kleine kreisrunde Kratersee Lago d'Averno. Antike Gelehrte wollen hier den Eingang zur Unterwelt des Gottes Hades ermittelt haben. Bei Homer heißt es, der griechische Held Odysseus habe von dieser Stelle aus das Reich der Toten betreten, um den blinden Propheten Teiresias zu befragen. Und der römische Dichter Vergil notierte vor rund 2000 Jahren in seinem Epos „Aeneis", dass über dem Gewässer „Vögel tot vom Himmel fallen". Ein Hinweis auf giftige Dämpfe, die noch vor wenigen Hundert Jahren aus dem Kraterschlund entwichen. Der See hat bis heute nichts von seiner teuflischen Magie eingebüßt. Er war zuletzt im Privatbesitz einer „ehrenwerten Gesellschaft", die in den Familienclan der Camorra eingebunden war. Im Kampf gegen die Mafia beschlagnahmte die italienische Polizei die „Pforte zur Hölle". Seit 2010 gehört der „Sündenpfuhl" wieder zum Gemeingut der Republik Italien.

Dem Philosophen Dante muss die vulkanische Bedeutung des trichterförmigen Averno-Sees und der phlegräischen Landschaft ebenso bewusst gewesen sein, beschreibt er doch einen „Höllentrichter", der über neun konzentrische Kreise und steile Sündenstufen bis ins Innere der Erde führen soll. Was die Sache noch interessanter macht: Am mythenumwobenen Gewässer existiert in nordwestlicher Richtung ein kilometerlanger künstlicher Tunnel aus dem 4. Jahrhundert v. Chr. Er wird *Grotta di Cocceio* genannt und war bis 1940 benutzbar, bevor er im Zweiten Weltkrieg zerstört wurde. *Geheimnisvoller* Seither blieb der Eingang für die Öffentlichkeit versperrt. Der unterirdische *Averno-See* Stollen führt zur antiken Orakelstätte Cumae mit den ältesten Siedlungs-

resten der Griechen auf italienischem Festland. Was zwischen Gräbern und Tempelruinen hervorsticht, ist ein weiterer Gang: fast 132 Meter lang, 2,40 Meter breit und trapezförmig in den Tuffstein gehauen. Hier soll die berühmte Priesterin Sibylle im 6. Jahrhundert v. Chr. ihre Weissagungen in Rätselform verkündet haben. Über diese Orakelsprüche hätte man gerne mehr erfahren. Sie waren in neun Sibyllinischen Büchern enthalten, die 83 v. Chr. im Kapitolinischen Jupitertempel in Rom verbrannten.

Die versteinerten Toten von Pompeji

IN SCHUTT UND ASCHE

Was aktiver Vulkanismus an Verwüstung anrichten kann, wissen wir durch den verheerenden Ausbruch des Vesuvs im Jahre 79 n. Chr. Der bis dahin als erloschen geltende Feuerberg brachte innerhalb weniger Stunden Zerstörung und tausendfachen Tod. Eine Eruptionssäule stieg 32 Kilometer hoch in die Stratosphäre und ein gewaltiges Wolkengebilde verdunkelte die Sonne. Bimsstein regnete drei Tage lang vom Himmel herab und begrub die blühenden Städte Pompeji, Herculaneum, Stabiae und Oplontis unter einer sechs Meter hohen Schicht aus Lavaschlamm und Asche.

Ruinen in Pompeji

Es ist makaber, aber was für 20 000 Bewohner Pompejis die Apokalypse war, entpuppte sich für die Archäologie als Glücksfall. Die abkühlende Magmamasse blieb als „Schutzmantel" an Bauwerken und Menschen haften und konservierte zeitlich unverfälscht eine Stadtfläche von 66 Hektar. Etwa vier Fünftel des Areals sind freigelegt, darunter gepflasterte Römerstraßen, Tempelanlagen, Thermen, Theater und prunkvolle Paläste. Trotz des Untergangs im Zuge der Gluthitze und einstürzender Mauerwerke blieben farbenfrohe Mosaike und Wandmalereien fast völlig intakt erhalten.

Das Gedächtnis der Menschheit ist kurz. Im Laufe der Jahrhunderte geriet die größte Naturkatastrophe Europas immer mehr in Vergessenheit. Erst 1709 wurden Ruinen des versunkenen Reiches ans Licht gebracht. Der österreichische General Fürst d'Elboeuf war zufällig auf einen Teil des Amphitheaters gestoßen. Bis wirklich systematische Ausgrabungen begannen, dauerte es noch bis zum Jahre 1863. Dann glückten dem italienischen Archäologen Giuseppe Fiorelli (1823–1896) dank neuer Forschungsmethoden bedeutende Fortschritte. Ab 1927 machte sich Amedeo Maiuri (1886–1963) daran, die Grabungen nach streng wissenschaftlichen Kriterien durchzuführen. Die Ausgrabungen werden bis heute fortgesetzt.

RÄTSEL UM STEINMUMIEN

Bizarrste Hinterlassenschaft aus Pompeji sind die Opfer des gewaltigen Vulkanausbruchs. Historiker gehen davon aus, dass damals mindestens 16 000 Menschen ums Leben kamen. Gefunden wurden keine Skelette, sondern bisher rund 2000 steinerne Mumien. Um ihre Körper bildete sich eine Art „Gussform" und konservierte diese im Augenblick ihres Todes. Bei Grabungen im 19. Jahrhundert wurden Gipsabdrücke ihrer im Boden hinterlassenen Hohlräume und der darin vorhandenen menschlichen Überreste angefertigt.

Lange Zeit hatten Archäologen angenommen, dass die meisten Menschen von Pompeji an der Aschewolke des Vesuvs erstickt seien. Was damit nicht zusammenpasste, ist der Vergleich mit heutigen Erstickungsopfern, die im Augenblick des Todes verkrampft zu Boden fallen. Die Pompejianer dagegen wurden teilweise sitzend gefunden oder in einer plötzlich zu Stein verwandelten Bewegung. Um das Rätsel zu lösen, wurden im Jahre 2015 erstmals Steinmumien mit modernen 3-D-Computertomografen durchleuchtet. Das Resultat: Bis dahin sicher geglaubte Annahmen über die Pompeji-Opfer erwiesen sich als falsch. Viele Forscher gingen davon aus, dass vor allem Kinder, Frauen und ältere, gebrechliche Menschen zu Tode kamen, weil sie – so der Verdacht – vor der Feuersbrunst nicht mehr rechtzeitig flüchten konnten. Die Daten ergeben jedoch einen normalen Querschnitt der Bevölkerung. Kein Lebewesen blieb von der Höllenwalze verschont, weder Kinder, Frauen, Männer, noch Tiere.

Untersuchungen an Knochenresten machten zudem deutlich, dass viele Menschen von einstürzenden Dächern erschlagen wurden. Die überwiegende Mehrheit starb jedoch an der Gluthitze pyroklastischer Wolken. Das sind gefährliche, bis zu 800 Grad Celsius heiße Lavaströme aus Gasen und geschmolzenem Gestein. Selbst zum Ersticken blieb hier keine Zeit. Unter dem Brüllen des Vesuvs raste die tödliche Lawine mit der Geschwindigkeit eines Intercity-Express heran und hinterließ überall verbrannte Erde. Die Pompejianer hatten keine Chance, dem Inferno zu entkommen.

CT-Scans und Erbgutanalysen stellten noch andere Dinge auf den Kopf: Zum Beispiel war ein Gipsabdruck eines 1963 am Platz des Forums gefundenen Opfers wegen des vorstehenden Bauches als „die Schwangere" bekannt. Die Befunde der Scans konnten das widerlegen: Die Person war weder schwanger, noch eine Frau! Andere Tote offenbarten unter Lasertechnik nicht nur kariesfreie Gebisse, Knochengerüste, Muskeln und versteinerte Haut, sondern ebenso dick gewebte Kleidung. Daraus schließen einige Forscher, dass der Vesuv vielleicht gar nicht am 24. August ausgebrochen ist sondern erst später im Herbst. An der Tragödie an sich endet das freilich nichts *(siehe auch Farbteil Seite 145 unten).*

VULKANISCHES ERWACHEN

Nach der Zerstörung der Stadt Pompeji und seiner Umgebung war der Vesuv jahrhundertelang weiter aktiv: Ein gewaltiger Ausbruch fand im Dezember 1631 statt. Glühende Lavaströme vernichteten fast alle Dörfer im Umkreis. Die Asche wurde bis nach Konstantinopel und an die Küste Nordafrikas getragen.

1794, 1872, 1906, 1913 und 1944 fielen seinen Ausbrüchen ebenfalls Menschen, Ortschaften und Kulturland zum Opfer. Seit nunmehr über

70 Jahren befindet sich der Vesuv in einer Ruhephase, doch dem schlafenden Riesen ist nicht zu trauen.

Erwachen des Vesuvs
im März 1944

Ein Ausbruch des „Höllenberges" sei jederzeit möglich, warnen Vulkanologen. Wie beim Vesuv braut sich ebenso unter den Phlegräischen Feldern
etwas Unheimliches zusammen. Sollten die beiden Orte ihre Kräfte paaren,
ergäbe sich die explosive Kraft eines gigantischen Supervulkans, der beim
Ausbruch katastrophale Auswirkungen auf den gesamten Globus hätte – die
sprichwörtliche Hölle auf Erden. Das mögliche Horrorszenario ist seit 2008
bekannt. Seither wissen Vulkanologen, dass die „brennenden Felder" mit
dem 20 Kilometer östlich liegenden Vesuv unterirdisch verbunden sind. Sie
werden in 5000 bis 10 000 Metern Tiefe aus derselben Magmakammer ge-
speist. Und just dazwischen liegt die Millionenmetropole Neapel. Die Angst
vor dem italienischen „Big Bang" wächst, denn aktuelle seismografische
und geodätische Messstationen der Region haben verstärkte Erhebungen
durch vulkanische Aktivitäten registriert. Sind es Vorboten einer realen
Höllenglut? Oder ist es nur überhitzte Panikmache?

Römische
Tempelmysterien

BEDROHTES KULTURERBE

Pompeji zerbröselt. Der Zahn der Zeit nagt an dem kulturellen Welterbe. Heute machen Wettereinflüsse und Umweltverschmutzung den antiken Gemäuern stark zu schaffen. Noch mehr Verdruss bereiten Korruption und professionelle Diebe. Für große Entrüstung sorgte 2014 der Raub eines Freskos der Göttin Artemis. Langfinger hatten im Palast „Casa di Nettuno" ein Stück von dem kostbaren Wandgemälde herausgefräst, um es am Schwarzmarkt zu verhökern. Der Frevel wurde erst Tage später bemerkt. Die Stadtverwaltung befürchtet, dass bei dem Kunstraub die Camorra ihre Fäden zog.

Trotz millionenfacher Fördergelder der Europäischen Union und redlichen Bemühungen für eine umfassende Restaurierung bleibt Pompeji das große Sorgenkind der Archäologie und Denkmalpflege. Touristen bekommen vom neuen Untergang Pompejis bestenfalls am Rande etwas mit. Nur ein knappes Fünftel der antiken Stadt ist öffentlich zugänglich. Viele Bereiche des brüchigen Areals sind aus Sicherheitsgründen abgesperrt oder gelten als „unerforschte Zone". Hinter verwahrlosten Mauern, Planen und Vor-

*Rettungsversuche
für das Kulturerbe*

hängeschlössern liegen die Trümmer eingestürzter Häuser, verschütteter Fußböden und verwitterter Mosaike.

Wer die größte archäologische Stadtruine der Welt besichtigen möchte, sollte damit nicht zu lange warten. Gesagt, getan: Elvira und ich starten von Basel aus nach Neapel und quartieren uns in einem antiquierten Palazzo ein, der heute als schmucke Pension dient. In aller Herrgottsfrüh geht es an einem Sommermorgen vom Hauptbahnhof mit der holprigen Regionalbahn *Circumvesuviana* Richtung Süden. Sonnenschutz haben wir dabei, ebenso geeignetes Schuhwerk für Spaziergänge auf dem unebenen Kopfsteinpflaster. Auf der Strecke Napoli–Sorrento lassen wir den Vesuv links liegen und steigen an der Station Pompeji Scavi – Villa Misteri aus. Die letzten Meter zum Haupteingang an der Porta Marina wandern wir zu Fuß. Wir nehmen uns den ganzen Tag Zeit für die Besichtigung: Neben der Erkundung bekannter Schauplätze wie dem Forum, den Theatern und den Thermalbädern interessieren uns Kult- und Orakelstätten mythologischer Götter.

DAS ISIS-HEILIGTUM

Der ägyptische Weisheitsgott Thot als Pompeji-Kleinod

Zwischen Heiligtümern für Apollo, Jupiter und Fortuna entdecken wir im Südwesten der Stadt den kleinen Tempel zu Ehren der Muttergöttin Isis. Die Ursprünge dieser berühmtesten Göttin Altägyptens liegen im Dunkeln. Ihrer magischen Kräfte wegen wurde sie als „die Zauberreiche" verehrt und trug als Kopfschmuck Kuhhörner mit der Sonnenscheibe. In der Antike waren esoterische Isis-Mysterien weit verbreitet, auch im römischen Weltreich. Im 2. Jahrhundert v. Chr. gelangte der Isiskult nach Pompeji und war unter den Stadtbewohnern sehr populär. Nach einem starken Erdbeben im Jahre 62 n. Chr. (ein Vorbote des Untergangs von Pompeji) wurde der Isistempel – im Gegensatz zu anderen Sakralbauten dieser Art – sehr rasch wiederaufgebaut. Um den heiligen Bezirk sind noch die Reste hoher Mauern erhalten. Offenbar sollten die Einweihungsriten, die sich im Inneren der Einfriedung vollzogen haben, ungebetenen Zeugen verborgen bleiben. Davon zeugt auch ein Zugang im Südosten des Tempels: Er führt in einen unterirdischen Bereich, der einst mit heiligem Nilwasser gefüllt war.

Was weniger bekannt sein dürfte: Als das Isis-Heiligtum im Jahre 1760 freigelegt wurde, zeigte sich die europäische Öffentlichkeit überrascht.

Orientalische Mysterienkulte dieser Art hatte man bis dahin in Italien nicht vermutet. Die Entdeckung löste bereits Jahrzehnte vor Napoleons Ägypten-feldzügen eine „Ägyptomanie" in Europa aus. Als einer ihrer Höhepunkte entstand 1791 Wolfgang Amadeus Mozarts Oper „Die Zauberflöte" *(siehe Farbteil Seite 146 links oben).*

EXOTISCHE HINTERLASSENSCHAFTEN

Spuren und Verehrung „fremdländischer" Götter lassen sich vielerorts in Pompeji aufspüren. Manchmal als Skulpturen und Mosaike, dann wie-der nur als winzige dekorative Elemente auf Palastwänden. Inmitten der üppigen Kunstschätze können sie leicht übersehen werden. Thot, das ibis-köpfige Allroundgenie der alten Ägypter, erblicke ich genauso wie Abbilder des schakalköpfigen Totengottes Anubis sowie haufenweise fantastische Szenen aus der griechischen Mythologie. Einmalig in der Kunstgeschich-te: In der verschütteten Stadt wurde auch eine Elfenbeinstatuette der vedi-schen Liebesgöttin Lakshmi entdeckt! *(siehe Farbteil Seite 146 rechts oben).* Sie bezeugt, dass schon um Christi Geburt enge kulturelle und wirtschaft-liche Beziehungen zwischen dem Römischen Reich und dem alten Indien bestanden haben. Manche Motive aus Pompeji wirken surrealistisch und zeigen fremdartige Symbole, aus denen man nicht recht schlau wird. Eine isolierte Malerei sieht aus, als hätte der Künstler ein Raumschiff aus dem Perry-Rhodan-Universum an die Wand gepinselt. Was war die Inspiration dafür? *(Siehe Farbteil Seite 147 links oben)*

HÜLLENLOSE GEHEIMNISSE

Woher der Impuls bei der Gestaltung eindeutig zweideutiger Fresken kam, lässt sich leicht erraten. Pompejis Kunst ist berühmt und berüchtigt für ihren frivolen Stil. Erhalten sind Hunderte Graffiti und Plastiken obszönen Inhalts. Die Pompejianer waren ein Volk mit Hang zu Lust und Erotik. Da gehörten Freudenhäuser mit dazu. Bislang sind zwei Dutzend Bordelle gefunden und rekonstruiert worden. Das berühmteste Etablissement ist das Haus *Lupanar*. Die Bezeichnung leitet sich von *Lupa*, „Wölfin", ab – im Lateinischen auch eine abschätzige Bezeichnung für Prostituierte. Vor dem antiken Eroscenter scharen sich gerne Touristen und nehmen auch längere Wartezeiten in Kauf, nur um ein paar „Sexszenen" an der Wand zu sehen.

Eindeutig Zweideutiges: Beispiele erotischer Kunst aus Pompeji

Wer wirklich aufregende Artefakte aus Pompeji zu Gesicht bekommen will, besucht das *Gabinetto Segreto* im Archäologischen Nationalmuseum in Neapel. Der Betrachter staunt: Es wimmelt von geflügelten Penissen mit Glöckchen, Öllampen in Gestalt eines Phallus und allerlei Skulpturen skurriler Mischwesen beim Liebesakt.

MYSTERIÖSER BILDERZYKLUS

Nackte Tatsachen gibt es auch in der ab 1929 freigelegten *Villa dei Misteri* zu beäugen. Die einzigartigen Wandmalereien im Inneren des Gebäudes sind alles andere als vulgär. Ihr mystischer Zauber zieht jeden Betrachter in den Bann. An der im Westen gelegenen Porta di Ercolano führt außerhalb der Stadtmauer ein von wildem Wein berankter Spazierweg direkt zur „Mysterienvilla". Im Atrium fragt mich Elvira, ob ich schon die Zeichnung des lorbeergeschmückten Kahlkopfs mit Knollennase erblickt hätte. Wer? Tatsächlich ist auf einer Wand die köstliche Karikatur eines gewissen „Rufus" zu sehen. Das Porträt misst nur wenige Zentimeter und könnte aus der Feder des Humoristen Loriot stammen. Archäologen versichern, es ist ein Spottbild aus der Römerzeit *(siehe Farbteil Seite 147 rechts oben)*.

Detail aus dem Freskenzyklus in der Villa dei Misteri

Cartoons führten aber gewiss nicht zur Namensgebung der *Villa dei Misteri*. Der Grund ist ein monumentaler Freskenzyklus, der zu den schönsten der Antike zählt. Wie bei einem Bühnenstück erscheinen auf Wänden lebensgroße Gestalten vor leuchtend pompejianisch-rotem Hintergrund. Seit ihrer Entdeckung hat die figurenreiche Komposition den Scharfsinn der Historiker herausgefordert, doch bis heute sind viele Fragen ohne befriedigende Antwort geblieben.

Gesichert ist nur, dass die grazilen Bilder eine feminine Ideenwelt zum Inhalt haben. Das geht aus der Tatsache hervor, dass unter den Figuren des irdischen Bereichs kein Mann erscheint. Die überirdische Sphäre wird durch den Wein- und Fruchtbarkeitsgott Dionysos (von den Rö-

116

mern Bacchus genannt) und seiner Gefährtin Ariadne bestimmt. Spitzohrige Satyrn und andere mythische Geschöpfe begleiten das Liebespaar. Die Stilelemente scheinen jeweils bestimmte Momente einer Einweihung widerzuspiegeln: beginnend von der Vorbereitung eines sakralen Opfers, einem nackten Mädchen, das aus einer Schriftrolle liest, über eine rituelle Geißelung bis hin zur Einkleidung und Schmückung einer Braut.

Die gängigste These lautet: Der Bilderzyklus stellt den Einführungsritus von Frauen in die Mysterien des Dionysoskults dar. Die Herrin der Villa, so wird spekuliert, könnte eine Priesterin jenes Kultes gewesen sein. Gesichert ist das aber keineswegs. In der griechisch-römischen Welt waren viele Mysterienkulte verbreitet, die bis heute nicht vollends bekannt und entschlüsselt sind. Die Riten waren nur Auserwählten vertraut und wurden an geheimen Kultplätzen neben der offiziellen Religion praktiziert – so auch in der *Villa dei Misteri (siehe Farbteil Seite 147 unten).*

Solfataras brodelnder Supervulkan

ERINNERUNGEN AN DEN UNTERGANG

Von den Ruinen Pompejis zurück ins brodelnde Straßenleben von Neapel. In der Nähe gibt es einen geheimnisvollen Ort, den man gesehen haben muss, obwohl er zum Himmel stinkt: der Vulkan Solfatara. Die dampfende Schwefelwelt liegt zehn Kilometer westlich der Metropole. Wir steigen an der Piazza Garibaldi in die Metro und fahren bis zur Station Pozzuoli – Solfatara. Hier verzichten wir auf die Weiterfahrt mit dem Stadtbus und wandern durch die schöne Hafenstadt vorbei am imposanten Amphitheater, das einst 40 000 Zuschauern Platz bot. Unter unseren Füßen ist der Teufel los – auch wenn wir kaum etwas davon spüren. Die seismische Bedrohung ist in dieser Gegend für die Stadtbewohner immer präsent. Die Italiener ertragen sie trotzdem mit Gelassenheit: ein unbeschwerter Tanz auf dem Vulkan.

In den frühen 1980er-Jahren hob sich der Boden im örtlichen Altstadtbereich um über 150 Zentimeter. Die Folge waren erhebliche Schäden an Gebäuden. Das führte dazu, dass ein großer Teil der Altstadt evakuiert werden musste und noch heute verwaist ist. Anfang der 2000er-Jahre ging es plötzlich wieder in die umgekehrte Richtung: Das Fundament senkte sich um 80 Zentimeter. Was geht im neapolitanischen Untergrund vor sich?

Die periodisch wiederkehrenden Bewegungen lassen sich mit dem Ein- und Ausatmen großer Magmakammern im Erdinneren vergleichen. Die

Fachwelt bezeichnet dieses Phänomen als „Bradyseismus". Es tritt seit Jahrtausenden im gesamten Areal der Phlegräischen Felder auf. In der Stadtmitte von Pozzuoli geben die römischen Ruinen des *Macellum* Zeugnis davon. Säulenreste zeigen nach oben hin ein fast drei Meter breites Band mit Löchern, die durch Bohrmuscheln entstanden sind. Ein Beleg dafür, dass sich die Erdkruste an dieser Stelle seit Errichtung der Bauten mehrfach gesenkt und gehoben hat. Dabei muss die ehemalige römische Markthalle zeitweise tief im Wasser gestanden haben.

DER TANZ AUF DEM VULKAN

Aktuelle geophysikalische Messungen sowie Gesteins-, Gas- und Flüssigkeitsproben in bis zu 500 Metern Tiefe zeigen, dass sich der Boden seit November 2012 monatlich um drei Zentimeter hebt. Zuvor waren es nur wenige Zentimeter im Jahr. Für Vulkanologen ein mögliches Indiz für eine höllische Katastrophe. Der italienische Zivilschutz ist alarmiert und erhöhte die Warnstufe für eine Evakuierung. Faktum ist: Unter der Erde von Pozzuoli braut sich etwas Schlimmes aus schwefelhaltigen Gasen und aufgestautem Druck zusammen.

Bis zum phlegräischen Hauptkrater Solfatara sind es nur mehr wenige Hundert Meter hinauf zu einer bewaldeten Anhöhe mit blühenden Büschen. Sieht man vom ungelösten Problem der Müllentsorgung ab, ist von einer ernsthaften Geruchsbelästigung zu diesem Zeitpunkt nichts zu bemerken.

Der unsichtbare „Supervulkan" Solfatara

118

Noch atmen wir den Duft der italienischen Natur. Entsprechend fröhlich spazieren Elvira und ich durch eine malerische, sommerliche Landschaft mit typisch süditalienischem Flair.

Nach einer Abzweigung stehen wir vor einem mehrstöckigen Gebäude mit braunroter Fassade. Daneben ein rostiges Gittertor mit dem Hinweisschild „Vulcano Solfatara". Wir sind fast am Zielort angelangt. Ein idyllischer Waldweg, von Eukalyptus umgeben, führt zum brodelnden Kraterschlund. Die Überraschung folgt auf dem Fuß: Vor unseren Augen offenbart sich eine etwa 800 mal 600 Meter große ellipsenförmige Kraterebene im blendend hellen Boden, ohne jegliche Vegetation, von drei Seiten mit steil nach oben führenden Wänden aus Tuffstein umgeben. Nur im Süden, in Richtung Pozzuoli und der Bucht von Neapel, öffnet sich der „Vorhof zur Hölle".
Steine glühen in grellen Farbtönen von Grün, Gelb, Orange bis Blutrot, heißer Schlamm bildet blubbernde Blasen und aus etlichen Ritzen steigen dampfende Schwefelwolken empor. Alles wirkt gespenstisch und ist doch ein Bild für Götter, das man nicht mehr so schnell vergisst. Die Landschaft wirkt utopisch. Man fühlt sich zeit- und ortsversetzt, glaubt, auf einem fernen Planeten zu wandeln. Wir werfen kleine Steinbrocken in die Mitte des Kraters. Das Echo hallt dumpf zurück. Keine Frage, in den Hohlräumen unter unseren Füßen köchelt es heftig.
Solfatara gilt als Hauptsehenswürdigkeit der *Campi Flegrei* und ist für Touristen ein beliebtes Ausflugsziel. Dennoch sind Elvira und ich in der brütenden Hitze mutterseelenallein. Als uns der Schwefeldunst von einer Sekunde auf die andere umhüllt, wissen wir warum: An diesem öden Ort stinkt es tatsächlich bestialisch! Wir harren trotzdem aus und halten uns brav an den vorgegebenen Rundweg mit seinen Absperrungen. Sicher ist sicher. Wer will schon in einem bis zu 250 Grad heißen Gemisch aus Wasserdampf, Schwefelgasen und Quecksilberverbindungen baden gehen? *(siehe Farbteil Seite 148 oben)*

ZWEIFELHAFTES ZAUBERMITTEL

Auf Schautafeln wird uns versichert, dass dem stinkenden Kraterschlamm heilende Wirkung innewohnt. Daran erinnert auch eine altertümliche „Sauna" an der Nordwand des Kraters, genannt *Le Stufe*. Ursprünglich sollen es zwei alte Grotten gewesen sein, die von den Römern als Schwitz- und Thermalbäder genutzt wurden. Auch im Mittelalter wurden sie für therapeutische Zwecke verwendet und in der Spätrenaissance mit Mauerwerk beschichtet. Heilung aus der Hölle? Wie tief führt der Gang in die Unterwelt hier wirklich?

Wir spazieren weiter auf heißem Pflaster, versuchen, dem schweflig faulen Odem der Natur standzuhalten, bestaunen und fotografieren die karge

mondähnliche Landschaft. Dabei rümpfen wir trotz aller Begeisterung weiterhin die Nase. Täglich drei bis vier Zentner an Schwefelstoffen werden hier abgebaut, um sie für Produkte in der pharmazeutischen und chemischen Industrie einzusetzen – in Form von Heilsalben bis zu Kunstdünger. Das mutet fantastisch an und beginnt uns dennoch zu stinken.

Ein letztes Mal sehen wir uns in der trügerisch-ruhigen Umgebung um. Eine örtliche Informationstafel verspricht Mannsbildern, die sich mit Solfatara-Sauce den Körper einreiben, glücklichen Sex dank gesteigerter Potenz. Eine Studie der amerikanischen *National Academy of Sciences* bürgt angeblich für diese Liebeskur. Tapfer widerstehe ich dennoch der experimentellen Schlammschlacht und verlasse mit meiner Gefährtin die brodelnde „Teufelsküche.

120

Wunderglaube
um San Gennaro

KAMPANIENS NATIONALHEILIGER

Nur 200 Meter von der Schwefelgrube entfernt erblicken wir ein eher unauffälliges Kirchlein: die Chiesa San Gennaro. Sie ist einem christlichen Märtyrer geweiht, dem die Bevölkerung am Golf von Neapel geradezu ekstatische Verehrung entgegenbringt. Er war Anfang des 4. Jahrhunderts Bischof von Benevent (einer Stadt nahe bei Neapel) und ist unter dem Namen San Gennaro (deutsch: heiliger Januarius) bekannt.

Um seine Person ranken sich viele unglaubliche Geschichten, die einer historischen Analyse allerdings nicht standhalten. Ein gesicherter Lebenslauf fehlt. Immerhin existieren alte historische Quellen, die für seine geschichtliche und geistige Identität sprechen. Dazu gehört die *Acta bononiensis* aus dem 6. Jahrhundert. Sie stellt den Heiligen als Bischof dar, der unter dem tyrannischen Kaiser Diokletian (um 236–312 n. Chr.) Opfer der Christenverfolgung wurde. Dem Schriftstück zufolge war Januarius auf dem Weg nach Puteoli (heute Pozzuoli), um seinem eingekerkerten Freund Sosso im Gefängnis Mut zuzusprechen. Bei diesem Vorhaben wurde der Diener

LINKS:
Chiesa San Gennaro

RECHTS:
San Gennaro als Märtyrer

Gottes verhaftet und mit mehreren Gefährten zum Tode durch Enthauptung verurteilt.

Die Hinrichtung soll 305 n. Chr. nahe dem Kraterschlund von Solfatara erfolgt sein, genau an jener Stelle, wo heute die kleine barocke Wallfahrtskirche thront. Durch Vulkanaktivitäten und Erdbeben zerstörte Vorgängerkirchen sowie ein Oratorium für den Heiligen sind bis zurück ins 6. Jahrhundert belegt. Wohl aus dem Reich der Fantasie stammt die Legende, wonach Januarius zuerst in einen brennenden Ofen geworfen wurde. Da ihm die Flammen nichts anhaben konnten, sollte er im Amphitheater von Pozzuoli sterben. Das scheiterte erneut. Die wilden Löwen entpuppten sich als Schmusekatzen und wollten den zukünftigen Heiligen partout nicht fressen, also wurde er geköpft.

ALS SAN GENNARO SEINE NASE VERLOR

San Gennaro mit neuer Nase

Die jüngste Renovierung der Januarius-Gedenkstätte geschah 1860, nachdem ein Feuer das Gebäude fast vollständig zerstört hatte. Zwei wichtige Reliquien blieben bei dem Brand unversehrt. Als Elvira und ich das Gotteshaus betreten, haben wir Glück. Eine Nische mit dem Schrein der sonderbaren Schätze ist an diesem Tag geöffnet. Rechter Hand ist eine Marmorbüste des Heiligen aus dem 12. Jahrhundert zu sehen, mit der viele wundersame Ereignisse verknüpft werden. Es heißt, dass die Skulptur während der Pestepidemie anno 1656 in einer Prozession zum Amphitheater getragen wurde. Dabei soll ein gelblicher Fleck am Hals der Statue erschienen sein, der sich zu einem gleißend hellen Leuchten erweiterte, ehe er als feuriger Lichtblitz explodierte. Die Plastik zeigt an der fraglichen Stelle noch heute einen kleinen Fleck.

Erzählt wird auch, dass im 14. Jahrhundert bei der Plünderung durch Piraten die Nase des Heiligen brutal abgesäbelt wurde. Bildhauer der Umgebung hätten sich nach dem Überfall vergeblich bemüht, der Büste eine neue Nase zu verpassen. Erst als ein Fischer in seinem Netz ein Stück Marmor fand, das just dem verlorenen Zinken glich, gelang das Kunstwerk. Gott sei gedankt, San Gennaros Antlitz ist seither wieder komplett!

DER BLUTSTEIN

Merkwürdiges erblicken wir auf der linken Seite des Altars: Der offene Schrein offenbart einen porösen Stein, auf dem gemäß der Überlieferung Januarius sein Haupt verlor. Andächtige Gläubige wollen immer wieder bemerkt haben, wie sich der Stein farblich veränderte und sogar leuchtend rot zu glühen begann. Bevorzugt soll sich das Phänomen an den Jahrestagen des Märtyrertodes zeigen. Am Wunderglauben nagt der Zweifel: Jüngste Studien machen deutlich, dass das Relikt von einem frühchristlichen Altar des 6. Jahrhunderts stammt. Es heißt, die roten Verfärbungen seien nichts anderes als Reste roter Farbe und Kerzenwachs. Ein Schwindel? Oder kann es sein, dass der ursprünglich echte Märtyrerstein eben erst 200 Jahre nach Januarius' Enthauptung zum heiligen Altarstein umgestaltet wurde? *(siehe Farbteil Seite 148 links unten)*

Abstieg in die Unterwelt

DAS ERSTE BLUTWUNDER

Im Dom zu Neapel werden die kostbarsten Schätze des heiligen Januarius aufbewahrt: seine Schädelknochen und zwei kleine Glasampullen, die angeblich sein vertrocknetes Blut beinhalten. Eine Legende behauptet, dass gleich nach dem Tod des Märtyrers sein frisches Blut in Glasphiolen aufgefangen wurde. Freunde hätten die Blutreliquie dann gemeinsam mit dem Leichnam an einem sicheren Ort in Pozzuoli verwahrt. Nach einem anderen Bericht hätte die Witwe eines Verwandten oder eine blinde Frau das Blut aus der Enthauptungswunde aufgefangen und es dem Kleriker Severus (363 Bischof in Neapel) verehrt.

Was wir historisch aus der „Gesta episcoporum Neapolitanum" (einer Quelle aus dem 9. Jahrhundert, die sich auf ältere stützt) wissen: Der Bischof von Neapel, Johannes I., überführte die sterblichen Überreste des Heiligen samt Blutampullen im Jahr 413 von Pozzuoli nach Neapel. Dort wurden die Reliquien in der größten Katakombe beigesetzt. Heute kennt man sie unter dem Namen *Catacombe di San Gennaro*. Hier soll sich das eingetrocknete Blut erstmals auf ungeklärte Weise verflüssigt haben. Wirklich beglaubigt und gut dokumentiert sind diese Geschehnisse aber erst seit 1389.

DIE KATAKOMBE DES HEILIGEN

Januarius' alte Bischofskrypta liegt unter dem südlichen Abhang des Hügels von Capodimonte im Stadtviertel Sanità. Der über einen kleinen Treppen weg erreichbare Eingang befindet sich etwas versteckt, gleich neben der Kirche Madre del Bon Consiglio, einer Miniaturnachbildung des Petersdoms. Wer wie wir den Abstieg in die neapolitanische Unterwelt wagt, wird es nicht bereuen *(siehe Farbteil Seite 149 oben)*.

Der antike Friedhofskomplex ist tief in den Tuffstein hineingegraben. Ursprünglich war er im 2. Jahrhundert n. Chr. als Familiengruft einer römischen Adelsdynastie angelegt worden. In der Folge wurden die Gänge und Gräber kilometerlang erweitert. Auf zwei Stockwerken und einer Fläche von 5600 Quadratmetern verteilen sich rund 2000 Bodengräber und 500 Nischengräber. Viele davon tragen farbenfrohe Fresken und Mosaike, die bei der Begehung unvermutet aus den Wänden und Decken der Grabnischen hervorblitzen. Trotz dringendem Renovierungsbedarf vermittelt die morbide Pinakothek einen atemberaubenden Anblick. Wer sie gesehen hat, weiß, dass sie den Katakomben aus dem frühchristlichen Rom in nichts nachsteht.

Ein Deckenfresko, das Adam und Eva zeigt – vielleicht die älteste Darstellung der Sünde überhaupt –, beeindruckt ebenso wie die ältesten bekannten Porträts des heiligen Januarius aus dem 5. und 6. Jahrhundert. Eines zeigt den Märtyrer zwischen den beiden

Bergen Vesuv und Somma. Es wird als Indiz dafür gesehen, dass der Heilige schon in frühester Zeit als Schutzpatron Neapels Anerkennung fand.

Gleich daneben blickt man metertief hinunter in eine Gruft. Ein Steinsarg ist in der Tiefe erkennbar, in dem ein Bischofsstab liegt. 1973 hatte der Archäologe Umberto Fasola den Platz als jenen identifiziert, wo die sterblichen Überreste des heiligen Januarius nach seiner Hinrichtung überführt wurden. Rund um diese Stelle häufen sich „Andachtsgräber", die mit kostbarsten Mosaiken ausgekleidet sind. Hier fanden die Gebeine der Bischöfe von Neapel einst ihre letzte Ruhestätte. Heute wissen wir, die Katakombe war eine zentrale Wallfahrtsstätte. Das belegt eine romanische Basilika, die im 6. Jahrhundert „beim Leichnam des Heiligen Januarius" mit viel Mühe aus dem gelben Tuffstein geschlagen wurde. Mit den Gottesdiensten für den Märtyrer verbreitete sich sein Kult innerhalb kurzer Zeit in der Christenwelt.

124

RELIQUIENKULT

831 raubten die Langobarden die Januarius-Reliquien aus der Katakombe und brachten sie nach Benevent. Das führte dazu, dass die unterirdische Pilgerstätte zunehmend an Bedeutung verlor und zerbröckelte. Blutreliquie und Schädelknochen blieben jedoch in Neapel. Sie wurden im Herzen der Stadt zur Verehrung in einer Kapelle beigesetzt, neben einer Kirche, an deren Stelle Ende des 13. Jahrhunderts die Kathedrale errichtet wurde. Beinahe in Vergessenheit gerieten die übrigen Gebeine des Heiligen. Sie wurden erst Ende des 15. Jahrhunderts in der Abtei Monte Vergine bei Avellino wiederentdeckt, 1497 zurück nach Neapel überführt und in der Domkrypta unterhalb des Chorraums bestattet. Seit dem 16. Jahrhundert ist Januarius amtlich der unangefochtene Schutzgott Neapels. Im innigen Glauben der Neapolitaner ist es eine göttliche Selbstverständlichkeit, dass der wundertätige Eingriff ihres „Genno" die Stadt vor todbringenden Vulkanausbrüchen des Vesuvs bewahrt.

OBEN:
Die Gebeine des Heiligen

UNTEN:
San Gennaros Katakombengrab

Lebendiger Glaubenskult

WUNDERSAME BLUTVERDÜNNUNG

Das religiöse Zentrum Neapels ist die prächtig geschmückte Capella del Tesoro di San Gennaro. Das frühbarocke Kunstjuwel ist der bedeutendste Bereich der Kathedrale und ist auch als die „königliche Schatzkammer" bekannt. Am Hauptaltar, versteckt in einer Nische, befinden sich zwei silberne Flügeltüren. Jede davon hat zwei Schlösser und kann nur mit zwei verschie-

San Gennaros Schädelreliquie

denen Schlüsseln geöffnet werden. Die einzig befugten Schlüsselherren sind der Erzbischof und abwechselnd ein Vertreter aus der „Deputation des Schatzes". Das ist eine aus zwölf Männern bestehende Kommission, die 1601 ins Leben gerufen wurde, um die Januarius-Reliquien zu hüten und ihre Unversehrtheit zu garantieren: die kostbare Silberbüste mit den Schädelknochen des Märtyrers und eine Monstranz, in der die sagenhaften Glasampullen mit dem eingetrockneten Blut des Heiligen luftdicht verschlossen sind.

Das Blut hat eine unerklärliche Eigenschaft: Zwei- bis dreimal im Jahr an den Festtagen des Januarius, am ersten Samstag im Mai, am 19. September und sporadisch am 16. Dezember, verflüssigt es sich und wallt in beiden Glasphiolen auf. Das geschieht meist im Zuge einer Messe, nachdem die Reliquien als Prozession durch die Altstadt in die Kirche Santa Chiara getragen wurden.

Wenn dann der Erzbischof die Monstranz an die Brust drückt, küsst, dreht und hoch empor streckt, und wenn der Schatzmeister mit einem weißen Taschentuch winkt, wissen Tausende bewegte Gläubige: Das Blutwunder ist vollbracht, Kampaniens Welt ist in Ordnung!

Bleibt die wundersame Verflüssigung hingegen aus, gilt das als böses Omen. Das war bisher selten der Fall, aber wenn es geschah, folgten tatsächlich große Katastrophen für die Stadt: 1527 brach in Neapel die Pest aus, 1569 brachte eine schwere Hungersnot, 1835 gab es eine Choleraepidemie, 1941 erfolgten schwere Luftangriffe auf die Stadt und 1980 gab es ein Erdbeben nahe Neapel mit fast 3000 Todesopfern.

Aberglaube und Zufall? Oder die Wirklichkeit des Wunderbaren? Was verursacht die Verdünnung des getrockneten Blutes? Hat es eine besondere,
uns noch unbekannte Beschaffenheit? Die katholische Kirche hält sich bei
der Beurteilung offiziell zurück. Der Kult um die „Blutwunder des heiligen
Januarius" wird toleriert, aber die Phänomene sind nie offiziell als göttliches
Wunder anerkannt worden. Es gäbe keine Beweise, dass das Blut in den
Ampullen wirklich von Januarius stamme.

127

Wie will man die Echtheit des Mirakels bezeugen oder widerlegen? Der Inhalt der Glasphiolen wurde nie chemisch analysiert. Die dunkle Substanz ist hermetisch in den kleinen Fläschchen und zusätzlich in der Monstranz versiegelt. Beim Versuch der Öffnung könnte die Reliquie beschädigt werden. Dieses Sakrileg will niemand riskieren. Erkenntnisse brachten bisher immerhin spektografische Untersuchungen durch Physiker in den Jahren 1902 und 1988. Demnach gleichen die Spektren denen von menschlichem Hämoglobin und dessen Abbauprodukten. Was ebenfalls durch Tests belegt werden konnte: Schwankungen der Außentemperatur sind für die Umwandlung des Blutes nicht verantwortlich.

Alte Darstellung der sagenhaften Blutreliquie

Das Blut des heiligen Januarius.
Nach der Natur gezeichnet von C. Grob.
(Hälfte der natürlichen Größe.)

Skeptiker wie der Kriminalbiologe Dr. Mark Benecke bezweifeln trotzdem, dass es sich überhaupt um Blut handelt. Seiner Meinung nach könnte es ein Gebräu aus thixotropen Stoffen wie Eierschalenkalk und hydriertem Eisenchlorid sein, versetzt mit Salzwasser. Diesen Verdacht äußerten 1991 schon Chemiker der Universität von Pavia, die das „Wunder" unter Laborbedingungen simulierten. Wird die geleeartige Masse geschüttelt, verflüssigt sie sich und wird wieder fest, sobald sie still steht. Für findige Alchemisten des Mittelalters sollte es keine Hexerei gewesen sein, solcherart „künstliches Blut" herzustellen.

Alles bloß ein raffinierter Betrug, bewirkt durch chemische Reaktionen? Das ist bei okkulten Dingen nie völlig auszuschließen. Wieso gibt es aber dann auch etliche historisch belegte Beispiele, wo die Verflüssigung auch im Ruhezustand der Blutampullen erfolgte? So etwa im Mai 2013: Da war das Blut bereits flüssig, als die Schatztruhe geöffnet und die Reliquie herausgenommen wurde. Was gleichermaßen verwundert: Wie ein ausgedachter Betrug über viele Jahrhunderte unentdeckt bleiben kann. Und wie stichhaltig ist die Reproduktion eines scheinbar ungeklärten Phänomens? Ein Gegenbeweis dafür, dass alles Humbug sein muss, ist sie jedenfalls nicht.

Eine gesunde Skepsis am unsterblichen Blutwunder des heiligen Januarius ist dennoch berechtigt. Für eine endgültige Beurteilung reicht es nicht, auch wenn die Begründung einer natürlichen Ursache wahrscheinlich ist. Noch sind nicht alle medizinischen Geheimnisse, die mit der Gerinnung des Blutes und seiner Zersetzung im Leichnam zusammenhängen, restlos geklärt. Blut ist eben „ein ganz besonderer Saft", um mit Geheimrat Goethe zu sprechen *(siehe Farbteil Seite 148 unten)*.

WUNDERSAME WALLFAHRTS-ORTE

Übernatürliche Souvenirs,
UFOs in alten Kirchen
und unruhige Knochen von Heiligen

„Denn bei Gott ist kein Ding unmöglich.“

Lukas, Kapitel 1, Vers 37

Das „heilige Gesicht"
von Manoppello

GOTTES WAHRES ANTLITZ?

Auf dem Tarigni-Hügel in der italienischen Berglandschaft der Abruzzen thront das kleine Kapuzinerkloster von Manoppello. Von der Stadt Pescara an der Westküste sind es etwa 30 Kilometer bis zu diesem Wunderort. Hier wird ein einzigartiger Schatz der Christenwelt aufbewahrt: ein heiliger Schleier mit der Abbildung des „wahren Antlitzes Gottes". Das „heilige Gesicht" ist in einer doppelseitig verglasten Monstranz versiegelt und wird seit 1960 zusätzlich in einem Tresor über dem Altar ausgestellt.

Beim Besuch der Klosterkirche *Santuario del Volto Santo* haben Elvira und ich Glück. Das Gotteshaus ist offen und wir sind allein. Hinter dem Altar führt eine Treppe hinauf zum Podest mit dem Allerheiligsten. Die Panzertüre ist geöffnet. Wir können das Wunderbild lange und hautnah in Augenschein nehmen. Beim Betrachten beschleicht uns ein eigenartiges Gefühl: Könnte das wirklich Jesu Antlitz sein? Im Metallrahmen eingefasst zeigt sich das Bild eines gut dreißig Jahre alten Mannes mit langen Haaren und fusseligem Bärtchen. Es gleicht byzantinischen Jesusikonen, die uns ein Urbild von Christus vermitteln wollen. Die Augen des Mannes sind geöffnet. Der Blick wirkt sanftmütig und etwas verschlafen, so als würde

SEITE 130:
Wappen von
Maria Taferl

UNTEN:
Die Klosterkirche
Santuario del Volto
Santo

die Person gerade in einen neuen Morgen erwachen. Der Mund ist leicht geöffnet, die Zähne des Oberkiefers sind sichtbar. Das Bild scheint einen Moment des Erstaunens festzuhalten. An der Nase und anderen Stellen sind rötliche Flecken erkennbar. Das Blut einer Geißelung?

Niemand kann plausibel begreiflich machen, wie das Bild entstanden ist: Gesichert ist, es besteht aus hauchdünner Muschelseide (Byssus), die in der Antike das kostbarste Gewebe war. Der Stoff ist lichtaktiv, transparent und feiner gewebt als ein Nylonstrumpf. Blickt man hindurch, kann man dahinter eine Zeitung lesen. Das Material gilt als nicht bemalbar. Die Farbe würde auf dem glatten, undurchlässigen Stoff abgleiten und Krusten bilden. Nichts davon ist auf dem 17,5 mal 24 cm großen Tuch ersichtlich.

Der Nachweis von Farbpigmenten fehlt. Manche der zarten Schattierungen sind kaum wahrnehmbar und übertreffen selbst die *sfumatura* von Leonardo da Vinci, die als feinste erreichbare Farbabstufungen der mittelalterlichen Malerei bekannt sind.

Wenn es kein Gemälde ist, was ist es dann? Wie ist es zu erklären, dass auf der Vorderseite und spiegelverkehrt auf der Rückseite ein vollkommen deckungsgleiches farbiges Porträt zu sehen ist? Je nach Lichteinfall verändert es Farbe oder Stimmung und hat eine dreidimensionale Wirkung. Wir konnten uns live davon überzeugen, dass das Abbild bei Gegenlicht transparent wird wie eine klare Fensterscheibe, wobei das Gesicht dann scheinbar im Nichts verschwindet *(siehe Farbteil Seite 150 oben)*.

Auf Tuchfühlung mit dem Volto Santo

UNGEKLÄRTE HERKUNFT

Schleierhaft wie die Beschaffenheit, ist auch die Historie des *Volto Santo*. Erstmals bezeugt wird es in Chroniken aus dem Jahre 1638. Nach einer älteren örtlichen Überlieferung, die Pater Donata da Bomba niederschrieb, soll es bereits seit 1506 in der Kirche von Manoppello gelegen haben. Erzählt wird, dass in diesem Jahr der Physiker Doktor Giacomo Antonio Leonelli von einem Unbekannten angesprochen wurde, der ihm ein verpacktes Geschenk überreichte. Der Fremde bat darum, das kostbare Präsent in Verehrung aufzubewahren. Der Gelehrte entfernte die Umhüllung und hielt das *Volto Santo* in Händen. Als er aufblickte, verschwand der Überbringer spurlos von einer Sekunde zur anderen. Alle Bemühungen, den mysteriösen Unbekannten aufzuspüren, blieben erfolglos. Die unheimliche Begegnung soll sich auf dem Platz San Nicola di Bari in Manoppello zugetragen haben.

Daraus entstand der Volksglaube, das Phantom müsse ein Gesandter Gottes gewesen sein, denn von Gespenstern abgesehen, wären nur Engel imstande, sich augenblicklich zu dematerialisieren. Bis 1608 blieb die Ikone im Besitz der Familie Leonelli. Nach dem Tod ihres Mannes verkaufte Maria Leonelli das Tuch an Dr. Antonio de Fabritijs, der es 1638 dem kurz vorher erbauten Kapuzinerkloster vermachte. Danach wurde das „heilige Tuch" in der Kirche aufgestellt, wo es noch heute zu sehen ist.

Es klingt utopisch, aber könnte der geheimnisvolle Kurier des *Volto Santo* ein Zeitreisender gewesen sein? Das himmlische Geschenk offenbart jedenfalls Kenntnisse einer Technik, die unserem Wissensstand nach im 16. Jahrhundert noch nicht bekannt war: Holografie. Das Verfahren nutzt den Wellencharakter des Lichts aus und lässt Objekte dreidimensional abbilden. Die Methodik der Hologramme wurde aber erst 1947 vom ungarischen Physiker Dennis Gábor geprägt.

Mikroskopische und spektroskopische Untersuchungen sowie Infrarotanalysen mittels Digitalscanner konnten bisher nur durch das Schutzglas, nicht direkt am Stoff durchgeführt werden. Die Mönche weigern sich, das Tuch aus der Monstranz herauszunehmen. Sie haben die Befürchtung, es könnte sich wie der fremde Gesandte „in Luft auflösen". Schon mehrmals soll es zu solch einem Effekt gekommen sein, so auch 1703, als man den Holzrahmen austauschen wollte. Überliefert ist, dass damals das Gesicht wie durch Zauberhand verschwunden ist. Erst als man den Rahmen wieder geschlossen hatte, war auch das Gesicht wieder erschienen.

DAS „SCHWEISSTUCH" DER VERONIKA

Eine Frage, die mit dem magischen „Lichtbild" von Manoppello verbunden ist, drängt sich auf: Ist die Ikone identisch mit dem legendären „Schweißtuch der Veronika"? Nach christlicher Überlieferung war Veronika eine Jüngerin Jesu Christi, die ihm auf seinem Weg zur Kreuzigungsstätte Golgatha ein Schweißtuch gereicht hat. Auf dem Stoff soll sich dann das „wahre Bild" von Jesus auf wunderbare Weise eingeprägt haben. Eine Reihe von Ungereimtheiten spricht dagegen: Es gibt bereits einen angeblich echten „Schleier der Veronika". Im 8. Jahrhundert gelangte die Tuchreliquie nach Rom in den Petersdom und soll sich heute in einem Tresor im sogenannten Veronikapfeiler befinden.

Der deutsche Kunsthistoriker und Jesuitenpater Prof. Heinrich Pfeiffer behauptet hingegen, die Ikone in Rom sei nur eine Attrappe! Unterstützt wird diese These durch jahrelange Recherchen des Vatikanexperten Paul Badde. Beide Forscher vermuten, dass der kostbare Reliquienschatz gestohlen wurde. Entweder bei der Plünderung Roms im Jahr 1527 durch deutsche Landsknechte und spanische Söldner oder spätestens 1608 beim Abriss der alten Petersbasilika. Danach soll das Original durch eine Replik ersetzt worden sein. Das echte Schweißtuch, so glauben Pfeiffer und Badde zu wissen,

befindet sich nun im Kapuzinerkloster von Manoppello.

Wenn die Überlieferung
stimmt, dass das *Volto Santo*
bereits 1506 in die Abruzzen
gelangte (dasselbe Jahr, in dem
auch der Veronikapfeiler errichtet wurde), kann der Chris-
tenschatz nicht mit dem erst
1527 oder 1608 verschwunde-
nen Stoff identisch sein. Ein
„Schweißtuch", benutzt zum
Abwischen des Schweißes, so
wie in der Legende der heiligen Veronika beschrieben,
entspricht ebenfalls nicht der
Beschaffenheit des *Volto Santo*
von Manoppello. Die meisten
Historiker sind sich außerdem
sicher, dass die volkstümliche
Veronika eine „erfundene"
Heilige ist. Doch selbst wenn
dieser Verdacht zutreffen sollte, ändert das nichts an der
Rätselhaftigkeit des Manop-
pello-Schleiers. Es könnte ein
Stoffteil sein, das tatsächlich

*„Das Schweißtuch
der Veronika",
Gemälde von
Hans Memling
(um 1433–1494)*

im Grab von Jesus auf seinem Gesicht gelegen hat. „Veronika" wäre hier nur
das Synonym für die Echtheit der Reliquie gewesen, denn ihr Name wird von
zwei Wörtern abgeleitet, nämlich aus dem lateinischen *vera* („wahr"/„echt")
und dem griechischen *ikon* („Bild"/„Antlitz"). Der heute in der Fachwelt gebräuchliche Begriff bezeichnet damit das „wahre Abbild" von Christus.

Ist das Muschelseidentuch in Manoppello also mit dem „Schweißtuch der
Veronika" identisch? Oder ist es ein ganz anderes Wundertuch? In der ganzen Religions- und Kunstgeschichte gibt es nichts Gleichartiges. Nur zwei
rätselhafte Textilien, von denen ebenso behauptet wird, sie seien „nicht von
Menschenhand entstanden" (sogenannte *Acheiropoíeta*) können mit dem
Mysterium des *Volto Santo* mithalten. Das eine ist das berühmte „Grabtuch
von Turin", aufbewahrt in einer Seitenkapelle der Kathedrale San Giovanni
Battista. Es porträtiert wie das *Volto Santo* offenbar dieselbe Person, ist aber
doch etwas anderes. Während das Turiner Leichentuch eher einem Foto-
negativ mit dreidimensionalem Effekt entspricht, scheint der Schleier von
Manoppello eine Art Diapositiv oder Hologramm zu sein.

Das andere Wunderbild ist die „Tilma von Guadalupe" auf dem Hügel
Tepeyac in der großen Marienbasilika von Mexiko-Stadt. Es ist der Platz,

wo 1531 dem zum christlichen Glauben bekehrten Azteken Juan Diego mehrmals die Heilige Jungfrau Maria erschienen sein soll. Auf ungeklärte Weise wurde das Bild der Gottesmutter auf den Umhang des Mannes projiziert. Wissenschaftliche Analysen des Stoffes zeigten, dass weder Pinselstriche noch tierische, pflanzliche oder mineralische Farbpigmente vorhanden sind. Noch rätselhafter: In den Pupillen der Augen der Madonna spiegelt sich die Umgebung im Moment der Bildentstehung. Elektronenmikroskopische Vergrößerungen und Computerauswertungen haben das Gesicht eines Mannes identifiziert (aller Wahrscheinlichkeit nach Juan Diego) sowie weitere Personen. Die Szene entspricht exakt dem historisch überlieferten Bericht! Eine Fälschung wird nach heutigem Kenntnisstand ausgeschlossen *(siehe Farbteil Seite 151 oben rechts)*.

Das Grabtuch von Turin, die Tilma von Guadalupe und der Schleier von Manoppello: drei mysteriöse „mit Licht gemalte" Bilder aus dem Mittelalter oder gar aus der Antike? Unglaublich, aber wahr! Amüsant in diesem Kontext: Die „heilige Veronika" wird in vielen Heiligenkalendern als „Schutzpatronin der Fotografen" genannt!

Hier stand Maria!

Offenbarungen der Heiligen Jungfrau Maria sind ein weitverbreitetes Phänomen. Zwei Dutzend Erscheinungsstätten konnte ich allein in meinem Heimatland Österreich ausfindig machen. Manche Schauplätze des Übersinnlichen entwickelten sich zu berühmten, heute noch viel besuchten Wallfahrtsorten. Anderen ist diese Anerkennung und Aufmerksamkeit nicht gegönnt. Sie sind längst in Vergessenheit geraten, obwohl sich an diesen einst heiligen Plätzen gleichermaßen Wundersames ereignet haben soll. Ein paar himmlische Reiseziele, wo es Merkwürdiges und Kurioses zu entdecken gibt, laden zum Entdecken ein.

VORARLBERG: MARIA BILDSTEIN

Vom Massentourismus weitgehend verschont liegt zwischen Bregenz und Dornbirn der schönste Aussichtspunkt Vorarlbergs: die 770-Seelen-Gemeinde Bildstein. Die Entstehung des Ortes wird auf das Jahr 1390 datiert. In früheren Jahrhunderten soll auf einem Felsvorsprung die Darstellung der Jungfrau Maria sichtbar gewesen sein. Von „Bild auf dem Stein" kam es allmählich zum Ortsnamen Bildstein. Den alten „Kultstein", der mit rätselhaften Gravuren versehen ist, gibt es noch immer. Er liegt etwa einen Kilometer

unterhalb der barocken Wallfahrtskirche „Mariä Heimsuchung", die 1662 bis 1676 anstelle einer hölzernen Kapelle errichtet wurde. Legenden erzählen von „Irrlichtern", die im Umfeld des Steins beobachtet wurden. Unweit des Steinrätsels befindet sich die Erscheinungskapelle. Hier soll sich den halbwüchsigen Brüdern Martin und Johannes Höfle im Jahre 1629 eine Frau „ganz weiß und glänzend wie die Sonn" offenbart haben *(siehe Farbteil Seite 150 links unten).*

OBEN:
*Kultstein nahe der
Erscheinungsstätte*

UNTEN:
*Erscheinungsplatz in
Maria Bildstein*

TIROL: HEILIGWASSER AM PATSCHERKOFEL

In der idyllischen Tiroler Bergwelt sind mehrere Erscheinungsorte bezeugt. Ein beliebter Wallfahrtsort ist Heiligwasser. Er liegt bei Igls in der Nähe von Innsbruck. Hier suchten im Jahre 1606 die Bauernburschen Johann und Paul Mayr nach ihrem verlorenen Vieh. Bei einer Quelle, die früher „Butterbrünnlein" genannt wurde, soll den Knaben die Muttergottes erschienen sein, so erzählt es die Legende. Die Madonna zeigte ihnen, wo die verlorenen Tiere zu finden seien, und äußerte gleichzeitig den Wunsch, dass man genau an der Stelle ihrer Erscheinung auf rund 1240 Metern Seehöhe ein Heiligtum errichten solle.

Eine Holzkirche wurde gebaut, die später jedoch abbrannte. 1665 hat man sie durch das gemauerte barocke Kirchlein „Maria Schnee am Patscherkofel" ersetzt. Bis dahin kann man die Geschichte glauben oder eben nicht. Als 1989 Renovierungen am brüchig gewordenen Fundament des Gotteshauses vorgenommen wurden, war die Verblüffung groß: Bauarbeiter entdeckten im Bereich des Hochaltars einen Felsen mit einer Wasserrinne. Die

OBEN LINKS:
Ein barockes Fresko erinnert an die Erscheinung anno 1606

Quelle aus der Marienlegende! Genau hier lag der ursprüngliche Platz der Erscheinung, von dem die Legende erzählt, und exakt darüber wurde die Kirche gebaut.

OBEN RECHTS:
Wallfahrtskirche Maria Schnee in Heiligwasser

TIROL: MARIA TAX BEI STANS

Nur 25 Kilometer östlich von Igls erreicht man über die A12 Schwaz. Von dort ist es dann nur mehr ein Katzensprung zum nächsten Erscheinungsort Maria Tax in Stans. 1616 soll Maria dem Besitzer des Pichlergutes, einem gewissen Georg Nocker, erschienen sein und die Weisung zur Errichtung einer Kapelle gegeben haben. Diese steht nun als einsames Wallfahrtskirchlein mitten im Wald. Im 17. und 18. Jahrhundert wurde die Kapelle häufig von Pilgern und Wanderern besucht, verfiel aber im Lauf der Zeit immer mehr. Erst mit Beginn des 21. Jahrhunderts wurde ihr kunsthistorischer Wert wie-

LINKS:
Kultstein mit den mutmaßlichen Handabdrücken Mariens

RECHTS:
Das Waldkirchlein Maria Tax

138

dererkannt und beherzte Bürger der Gemeinde Stans beschlossen: Wir retten die Kapelle! Bei der Renovierung wurde leicht versetzt unterhalb des Altars ein Felsen mit handflächenartigen Vertiefungen entdeckt. Der Legende nach sind es die „Handabdrücke der Gottesmutter", die sich während der Erscheinung im Gestein verewigt haben sollen *(siehe Farbteil Seite 150 rechts unten)*.

TIROL: DAS GNADENBILD VON ABSAM

Die Absamer Basilika St. Michael ist die bedeutendste Marienwallfahrtsstätte Tirols. Die Grundlage dafür liefert ein Ereignis vom 17. Jänner 1797. Damals erschien auf der Fensterscheibe des Bauernhauses der Familie Puecher (nach anderer Quelle Bucher) ein Frauenkopf, der seither als Porträt der Gottesmutter gedeutet wird. Das Bild sieht wie eine Zeichnung aus, ist es aber nicht. Das Fensterglas (18 mal 15 Zentimeter groß) wurde von kirchlichen Behörden sowie Wissenschaftlern der Universität Innsbruck untersucht. Der Verdacht, es wäre eine Hinterglasmalerei oder ein ins Glas graviertes Kunstwerk, hat sich nicht bestätigt. Selbst als man versuchte, das Bild mit chemischen Substanzen zu entfernen, erschien es nach kurzer Zeit aufs Neue. Das Antlitz der Madonna scheint inmitten des Glases magisch „gefangen" zu sein, ähnlich einem modernen 3-D-Laserfoto in Glas. Solche Hologramme mit persönlichen Porträts sind heutzutage beliebte Geschenkartikel, aber wie und wem gelang das futuristische Kunstwerk im 18. Jahrhundert? Das „nicht von Menschenhand gemalte" Gnadenbild kann im rechten Seitenaltar der Basilika besichtigt werden *(siehe Farbteil Seite 151 links oben)*.

Fassade der Basilika in Absam

TIROL: MARIA LOCHERBODEN

Westlich von Innsbruck, in der Gemeinde Mötz am Mieminger Plateau, thront auf 816 Metern Seehöhe die Wallfahrtskirche Maria Locherboden. Sie ist über einer Grotte errichtet, bei der Marienerscheinungen und Wunderheilungen überliefert sind. Es heißt, dass sich von April bis August des Jahres 1871 der seit sieben Jahren schwer kranken Maria Kalb mehrmals die Himmelsgöttin offenbarte. Bei einer Erscheinung zeigte sie der Frau als Vision eine Felshöhle im Oberinntal. Der alte Stollen wurde gefunden, die Kranke dort hingebracht und geheilt. Verbunden wurde das Wunder mit

Im Jahre 1740 schürfte ein Knappe hier nach Erz, dabei stürzte der Stollen ein und versperrte ihm den Ausgang. Der Versperrte wandte sich betend an Maria: Der Stein wurde wunderbar entfernt und der Knappe war befreit. Seitdem wurde in dieser Höhle die Mutter Gottes verehrt.

UNTEN LINKS:
Maria Locherboden

UNTEN RECHTS:
Steinplatte mit dem Standorthinweis

RECHTS:
Am Platz der Erscheinung: Malerei im Eingangsbereich

der Aufforderung, an dem Ort der Erscheinung müsse eine Gedenkstätte errichtet werden. Zunächst wurde eine Kapelle gebaut, die 1901 durch die neugotische Wallfahrtskirche ersetzt wurde. Maria Kalb besuchte den Ort ihrer Heilung noch häufig und starb 1925 im Alter von 82 Jahren in der Ortschaft Rum. Originell: Wer den Platz der Erscheinung besichtigen will, kann ihn nicht verfehlen: Am Fußboden neben der „Ursprungskapelle" ist eine Steinplatte eingelassen mit dem Schriftzug: „Hier stand Maria!"

STEIERMARK: MARIA STRASSENGEL

Der Kirchenbau, 1157 anstelle einer hölzernen Kapelle errichtet, zählt zu den bedeutendsten der Hochgotik in Österreich. Anders als bei den meisten Marienwallfahrtsstätten erschien hier nicht die Jungfrau Maria, sondern das sogenannte „Wurzelkruzifix". Es ist ein Kuriosum wie aus einer anderen Welt. Der Legende nach wuchs es 1255 aus dem Ast einer in der Nähe der Kirche stehenden Tanne. Für eine Laune der Natur ist die

18,5 Zentimeter große Figur zu perfekt: Sie zeigt den gekreuzigten Heiland mit ausgestreckten Armen und Beinen, die aus dem Holz herauswachsen, während zarte Wurzelfasern ein schmerzerfülltes Gesicht mit Kopf- und Barthaaren formen. Der erste Gedanke: Da hat sich jemand einen Scherz erlaubt. Was dagegen spricht: Pflanzenphysiologische Untersuchungen wiesen nach, dass der „Wurzeljesus" von Straßengel keinerlei Schnitzspuren eines Messers aufweist! *(siehe Farbteil Seite 153 rechts unten)*

BURGENLAND:
DAS RASENKREUZ VON EISENBERG

In der Nähe von St. Martin im Südburgenland (Bezirk Jennersdorf), mitten im Dreiländereck Österreich, Ungarn und Slowenien, liegt die kleine Gemeinde Eisenberg. Am 6. September 1956 hatte sich auf dem Grundstück der Familie Lex über Nacht wie von Geisterhand geschaffen ein Kreuzmuster im Rasenboden gebildet. Die Hochschule für Bodenkultur in Wien entnahm auf Veranlassung der Gendarmerie Bodenproben und konnte durch Vergleiche innerhalb und außerhalb des Kreuzes sowie durch Analysen der Pflanzen im Kreuz keinerlei Anzeichen dafür finden, dass der Boden irgendwie manipu-

LINKS:
Die Wallfahrtskirche Maria Straßengel bei Graz

RECHTS:
Das Eisenberger Rasenkreuz

liert worden wäre. Bemühungen, das „Rasenkreuz" mithilfe von Unkrautvertilgungsmitteln „nachzumachen", scheiterten kläglich: Es gelang weder, die scharfen Linien zu „kopieren", noch den Welkprozess über längere Zeit hin zu erhalten. Ebenso führten Strahlenmessungen zu keinem plausiblen Ergebnis. Das Rasenkreuz markiert eine Stelle, wo zwei Jahre zuvor am 14. September 1954 die damals sechsjährige Annemarie Lex eine unheimliche Begegnung gehabt hatte. Das Ereignis wurde als „Marienerscheinung" gedeutet. Die Augenzeugin selbst hat das Ereignis anders in Erinnerung, wie sie mir in den 1990er-Jahren bei einem Interview erzählte.

Sie will „eine Kugel aus blendendem Licht" wahrgenommen haben, „die von den Wolken herabschwebte". In dem Gefährt erblickte sie eine „leuchtende schneeweiße Gestalt", die sie damals als Kind mit dem „Himmelvater" gleichsetzte. Der Erscheinungsplatz kann besichtigt werden. Das Rasenkreuz ist allerdings nicht mehr erkennbar. 1992 hatte es sich vergrößert und löste sich in der Folge auf. Seitdem wächst nur noch Unkraut über den heiligen Boden.

Marienwunder? Gotterscheinungen? UFOs? Außerirdische? Viele himmlische Rätsel harren der Lösung.

Gemalter Himmelsspuk

DIE ERSCHEINUNGEN VON MARIA TAFERL

In Kirchen, Kapellen und Museen begegnen wir dem Wundersamen auf Schritt und Tritt. Dabei erblicken wir fantastische Gemälde und Fresken mit biblischen und himmlischen Szenerien. Was aber haben seltsame Flugvehikel, die an UFO-Phänomene der Gegenwart erinnern, in der Kirchenkunst verloren? Für Historiker sind die Illustrationen als „religiös christliche Symbolik", „Abbildungen von Naturphänomenen" oder mit der

Der Taferlstein

übersteigerten Fantasie der Künstler erklärbar. Trifft das wirklich immer für alle sakralen Bildschätze zu? Als Freund des Fantastischen überzeugt mich diese „logisch-vernünftige" Sichtweise nicht immer. Maria Taferl, nach Mariazell der bedeutendste Marienwallfahrtsort Österreichs, ist so ein Fall. Hier haben bezeugt unerklärliche Ereignisse stattgefunden, die auch in Bildwerken verewigt wurden *(siehe Farbteil Seite 151 unten)*.

Was den Ort noch anziehend macht: eine rätselhafte Platte aus Granit, umrahmt von einem Steinkreis mit Säulen, der später in der Barockzeit hinzugefügt wurde. Man nennt das Ding, das heute neben der Basilika steht, „Taferlstein". Ursprünglich soll er am Fuße vor einer großen Eiche gestanden haben, die inzwischen gefällt wurde. Sie markierte genau jene Stelle, wo es zu den merkwürdigen Erscheinungen gekommen war. Kulturhistoriker deuten das Relikt als „keltischen Opfertisch". Was wurde geopfert und wem? „Irgendein Kult" wird es gewesen sein, lautet die Verlegenheitserklärung, in der manche Gelehrte gerne verharren. Die Alpenwelt ist voll von Kulten. Was aber war ihre ursächliche Bedeutung? Es fällt auf, dass rätselhafte Phänomene oft mit Steinrätseln verknüpft sind und der betreffende Erscheinungsort schon lange vor der Christianisierung ein besonderer Platz der Verehrung war. Nicht anders in Maria Taferl.

Erscheinungen in Maria Taferl

Das alte Wappen der Wallfahrtskirche zeigt drei große Sterne, einen schwebenden Engel mit Fahne, eine Eiche sowie den ominösen „Taferlstein". Aufmerksame Besucher werden die Illustration an der Türe der Schatzkammer erblicken. Bezeugt ist, dass in Maria Taferl mysteriöse Lichter und schwebende Engel gesehen wurden. Und das nicht nur einmal, sondern über den langen Zeitraum von 1658 bis 1661! Die Zeugenaussagen stammen von verschiedenen Personen, die unabhängig voneinander über ihre unfassbaren Beobachtungen Ähnliches berichten.

Was wurde gesehen? Bereits die erste Wahrnehmung erinnert an eine klassische UFO-Sichtung unserer Tage. In den Akten ist vermerkt, dass sich der 36-jährige Bauer Georg Strasser aus dem Dorf Reitern auf seinem Acker aufhielt. Es war der Vormittag des 17. Juni 1658. Als sein Blick auf den Taferlberg fiel, sah er ein „schneeweißes Licht" über der großen Eiche. Strasser hat den Vorfall später vor einer kirchengerichtlichen Kommission unter Eid bestätigt. Er schwor, dass er etwas schweben gesehen hätte, das aussah, „wie wenn ein weißes Dach dort gewesen wäre in der Höhe der Bäume". Die vielleicht interessanteste Beobachtung stammt von Hans Wagner, der sich am frühen Abend des 24. Juni 1659 hinter seinem Haus aufgehalten hatte. Die Sonne war soeben untergegangen und der Himmel klar. Da sah er bei der großen Eiche „beim Taferl" zwischen den Wipfeln der Bäume „drei Sterne von ungewohnter außerordentlicher Größe". Sie bewegten sich nicht von der Stelle. Eine halbe Stunde konnte Wagner die großen Lichter beobachten.

Die Bezeichnung „unidentifizierbares Flugobjekt", kurz UFO, gab es noch nicht. Und erinnern wir uns: Bevor der Begriff medienwirksam in die Umlaufbahn geschickt wurde, gab es für rätselhafte Himmelserscheinungen Namen wie „fliegende Untertasse", „leuchtender Diskus", „strahlende Kugel" oder „silbrige Scheibe". Es sind Hilfsbegriffe für das Unverstandene, das bis heute für globale Verwirrung sorgt. So ist es auch den Augenzeugen von Maria Taferl ergangen, als sie mysteriöse „Sterne" oder ein „schwebendes weißes Dach" gesehen hatten.

Deckenfresko
in Maria Taferl

Von den seltsamen Ereignissen am Taferlberg beziehen sich die meisten auf geheimnisvolle Lichtgestalten. Eine bischöfliche Kommission untersuchte die Vorfälle und befragte 50 Augenzeugen unter Eid. Von Kirchenbesuchern kaum wahrgenommen: Auf dem Deckenfresko in der Schatzkammer ist dieses Szenario bildhaft verewigt. Aus den Protokollen der Prüfung geht Spannendes hervor. Etwa, dass die beobachteten „Engel" mit einer Ausnahme alle weiß gekleidet waren. Die Wesen wurden als „schneeweiß", „glänzend weiß" und „haben ausgesehen wie andere Leut" beschrieben. Zwölf Erscheinungen waren in der Luft sichtbar, 18 auf der Erde. Einige Male hätten sich die fremden Wesen „von der Erde in die Luft erhoben und beim Taferl niedergelassen". Sie verschwanden plötzlich oder lösten sich allmählich wie „weggebeamt" in Luft auf.

Die Vorfälle in Maria Taferl konnten nie geklärt werden. War es ein Eingriff der Allmacht Gottes? Es ist schwer vorstellbar, dass hier der Schöpfer des Universums oder die Mutter von Jesus Christus ihre Hände im Spiel gehabt haben. Dennoch befand die kirchliche Untersuchungskommission, dass der Glaubensverbreitung nichts im Wege stand, und man beschloss im Jahre 1660, auf dem Berg eine große Marienwallfahrtskirche zu errichten.

DAS BILDERRÄTSEL IN DER
JOHANNESKAPELLE BEI HARMANNSTEIN

Abseits der Touristenpfade liegt der 836 Meter hohe Johannesberg bei Harmannstein, westlich von Großschönau im niederösterreichischen Waldviertel. Am Plateau des bewaldeten Hügels steht einsam die alte Johanneskapelle. Sie wurde im 14. Jahrhundert auf den Trümmern einer Burg errichtet, die Ritter Hadmar II. von Kuenring gegründet hatte. Der Nachbarort Harmannstein (früher hieß er Hadmarstein) erinnert daran. Vor dem Eingang zur Kirche befindet sich ein Felsen mit einem schuhförmigen Schalenstein. Heute beherrscht ein hohes Holzkreuz den ehemals heidnischen Kultplatz. Der Volksglaube erzählt, der Hügel sei „innen hohl" und nahe gelegene

Im Bann des Vesuvs: Touristen an einem Lavastrom auf einem Gemälde von Gavin Hamilton (1723–1798)

LINKS: *Dante Alighieri (Fresko von Andrea del Castagno, ca. 1450/Uffizien, Florenz). Laut seiner „Göttlichen Komödie" soll der Hölleneingang in der Nähe von Neapel liegen.*

RECHTS: *Der Ausbruch des Vesuvs 79 n. Chr. war verheerend. Zwei Eruptionen beendeten alles Leben in den römischen Städten Pompeji und Herculaneum. Ausguss vom Hohlraum eines Opfers im erhärteten Gestein.*

LINKS: *Die römische Isis: Nicht nur die Ägypter verehrten die Göttin. Ihr Mysterienkult verbreitete sich im gesamten Römischen Reich.*

RECHTS: *Überraschender Fund bei Ausgrabungen in Pompeji: Elfenbeinstatuette der altindischen Göttin Lakshmi, 1. Jh. n. Chr.*

Die Überreste des Isistempels in Pompeji. Im Heiligtum wurden noch weitere altägyptische Götter verehrt, darunter Anubis und Serapis.

LINKS: *In Pompeji wurden viele Fresken entdeckt, die in ihrer ursächlichen Bedeutung unverstanden geblieben sind: Geheimzeichen, Krone oder Sternenschiff?*

RECHTS: *Die älteste Karikatur? Historiker versichern, sie stammt aus der Römerzeit.*

Ausschnitt aus dem Freskenzyklus der Villa dei Misteri. Vermutet wird, dass es sich um Darstellungen eines dionysischen Einweihungsritus' handelt.

Wie auf einem fremden Stern: der aktive Schwefelvulkan Solfatara, westlich von Neapel

LINKS: *Der „Blutstein" in der Chiesa San Gennaro*

RECHTS: *Gemälde aus dem 18. Jahrhundert im Dom von Neapel. Es zeigt das zwei bis drei Mal im Jahr stattfindende „Blutwunder" des heiligen Januarius.*

2000 Jahre alt: die Katakombe des San Gennaro unter dem Hügel von Capodimonte mit einer kilometerlangen Friedhofsanlage

RECHTS: *Feuerberg Vesuv und Monte Somma: Die Idylle ist trügerisch. Unter Kampanien braut sich ein teuflisch brenzliger Cocktail zusammen.*

LINKS: *Das Volto Santo von Manoppello. Herkunft und Entstehung der angeblich „nicht von Menschenhand gemachten" Ikone sind ein ungelöstes Rätsel der Wissenschaft.*

RECHTS: *Der Schleier von Manoppello ist lichtaktiv und transparent wie eine Holografie. Bestimmte Lichtverhältnisse erzeugen die Illusion, dass das Antlitz auf dem Tuch scheinbar im Nichts verschwindet und später ebenso plötzlich wieder sichtbar wird.*

LINKS: *Die einzige amtlich dokumentierte Marienerscheinung in Vorarlberg: Maria Bildstein anno 1629*

RECHTS: *Seitlich unter dem Altar der Waldkapelle Maria Tax in Tirol liegt ein Stein mit fingerähnlichen Vertiefungen. Es sollen die „Handabdrücke" der Gottesmutter sein. 1616 soll sie dort erschienen sein.*

LINKS: *Absam in Tirol: 1797 manifestierte sich die „Glasbild-Madonna" auf dem Fensterglas eines Bauern-hofes. Sie sieht wie aufgezeichnet aus, ist aber weder aufgemalt noch eingeritzt.*

RECHTS: *Die Tilma von Guadalupe in Mexiko-Stadt zeigt ein bislang unerklärbares Marienbildnis. Spuren von Pinselstrichen und Farbstoffen fehlen. Wie ist es also entstanden?*

UNTEN: *Gemälde zur Erscheinungsserie im Wallfahrtsort Maria Taferl in Niederösterreich*

Vergessenes Kunstjuwel aus dem 17. Jahrhundert im Burgenland: Elias im Himmelswagen im Stil moderner Surrealisten

Das „Raumschiff" von Goberling aus dem 13. Jahrhundert

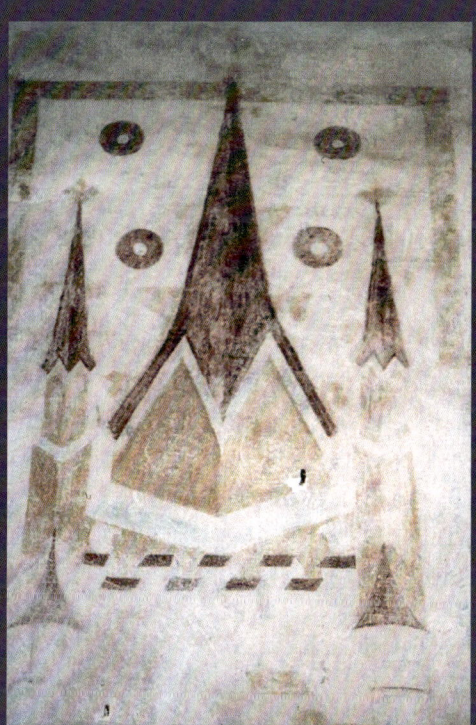

LINKS: „Fliegende Kugeln" als Fresko in der Johanneskapelle bei Harmannstein im Waldviertel

RECHTS: Das „Wurzelkruzifix" von Gratwein-Straßengel in der Steiermark. Pflanzenphysiologische Untersuchungen ergaben keine Spuren, die auf das Einwirken eines Schnitzmessers schließen lassen.

LINKS: *Das Rasenkreuz von Eisenberg im südlichen Burgenland. 1956 hatte es sich am Platz einer Himmels-erscheinung manifestiert. Seit den 1990er-Jahren ist es verblasst.*

RECHTS: *Schaurig, aber seit 270 Jahren mit kariesfreien Zähnen: die Mumie des „luftg'selchten Pfarrers" von St. Thomas am Blasenstein in Oberösterreich*

Die „Bucklwehluckn" am Blasenstein. Nach altem Volksglauben soll ein Durchschlüpfen von Ost nach West gegen rheumatische Beschwerden helfen.

Morbider Anblick am Altar: Ganzkörperreliquie in der Pfarr- und Wallfahrtskirche Hl. Notburga in Eben am Achensee in Tirol

LINKS: *Relief des römischen Reichs- und Sonnengottes Sol Invictus, ikonografisch ident mit dem griechischen Helios. Es erinnert an frühe Christus-Darstellungen.*

RECHTS: *Mosaik des Christus mit Sonnenwagen als Sol Invictus in der Vatikanischen Nekropole aus dem 3. Jahrhundert.*

In der Geburtskirche von Bethlehem. Gemälde von Georg Macco, 1930

Das Gemälde „Madonna e San Giovannino" zeigt einen „Stern von Bethlehem", der an UFO-Kontakte der Gegenwart erinnert. Im Hintergrund blickt ein Augenzeuge hinauf zum Flugobjekt.

Was war der geheimnisvolle Himmelskörper, der die Sterndeuter aus dem Morgenland zur Geburtsstätte von Jesus lotste? (Mosaik aus Sant'Apollinare Nuovo in Ravenna, um 565)

LINKS: *Der Altarraum in der Kathedrale von Santiago de Compostela: Vom Chorgang erreicht man den Schrein, um die Apostelfigur der Tradition entsprechend zu umarmen.*

RECHTS: *Schrein des Altarraums mit der Holzfigur des heiligen Jakobus aus dem Jahre 1211. Im 16. Jahrhundert wurde sie mit einem prunkvollen Pilgergewand versehen.*

Der einzigartige Botafumeiro. Bei besonderen Feiertagen wird das 1,60 Meter große Weihrauchgefäß in Bewegung gesetzt und bis zur Decke der Kathedrale von Santiago de Compostela geschwungen.

LINKS: *Sternförmige Vertiefung am Boden der Geburtsgrotte in Betlehem. Nur eine Replik?*

RECHTS: *Angeblich das Original: Ebenbild im „Museo de Terra Santa" in Spanien*

Ein Stern markiert in der Geburtskirche in Bethlehem die traditionelle Geburtsstelle Jesu Christi.

Ortschaften seien durch unterirdische Gänge miteinander verbunden. Alle hundert Jahre soll sich um Mitternacht des 24. Juni eine unsichtbare Türe öffnen, die zu einem hell erleuchteten Gewölbe führt, in dem Edelsteine und nicht näher bezeichnete „große Geräte" aufbewahrt werden. Der Zutritt, so erzählt die Sage, ist nur für kurze Zeit möglich. Denn pünktlich zum Glockenschlag um ein Uhr in der Früh schließt sich das Tor wieder. Wer das unterirdische Reich nicht rechtzeitig verlassen kann, ist unweigerlich im Zauberberg gefangen!

Auf einer Wand im Kircheninneren ist ein Fresko des Christophorus zu sehen, der das Jesuskind auf den Schultern über einen Fluss trägt. Daneben ein Bild, das mehr verwundert: Es zeigt eine Bastion mit Kirche und spitzen Türmen, die von vier kugelförmigen Objekten umschwirrt wird. Himmelslichter? Kugelblitze? UFOs? Eine Flugsage würde dazu passen. Sie bezieht sich auf die Gründung der in nächster

Johanneskapelle mit Schalenstein

Umgebung liegenden Burg Engelstein, wonach der Burgherr dem Baumeister die Bedingung stellte, die Festung ohne Zulieferung von Baumaterial zu errichten. Das Werk ging voran, bis der Baumeister erkennen musste, dass die vorhandenen Steine nicht ausreichen würden. In seiner Not ging er zum Johannesberg, um Gottes Hilfe zu erbitten. Als er nach Engelstein zurückkehrte, sah er gerade noch, wie ein Engel davonflog, der soeben einen Sack voller Steine auf die Baustelle geleert hatte. So kam Engelstein zu seinem Namen. Nur eine erfundene Sage? Oder enthält sie gemeinsam mit dem Fresko einen wahren Kern, der sich auf die mittelalterliche Sichtung unbekannter Flugobjekte bezieht? *(siehe Farbteil Seite 153 unten)*

Verborgene Kirchenschätze im Burgenland

ELIAS' HIMMELSWAGEN IN SIGET IN DER WART

Außergewöhnliches und Unbekanntes entdecken wir ebenso im östlichsten Bundesland Österreichs, dem Burgenland. Hier stoßen wir im Südburgenland auf eine verschlafene Ortschaft Siget in der Wart. Das 288-Seelen-Dorf mit seinen kleinen gelb und weiß gestrichenen Häusern und einladenden Vorgärten wirkt idyllisch. Auf den roten Dächern haben Störche ihre Nester erbaut und klappern den seltenen, neugierigen Besuchern entgegen.

Die erste urkundliche Erwähnung „Zygeths" stammt aus dem Jahr 1352 und steht für den ungarischen Begriff „Insel". Heute ist der Ort tatsächlich eine Insel. Kein Eiland der Seligen, aber eine Sprachinsel. Siget ist der einzige Platz in Österreich, in dem ein protestantischer Gottesdienst vorwiegend in Ungarisch gehalten wird. Die kleine Pfarrkirche, die auf diese Weise bis heute die Wurzeln des Ortes widerspiegelt, stammt aus dem 18. Jahrhundert. Doch das echte Kunstjuwel steht wenige Meter entfernt auf der anderen Straßenseite: die kleine Ladislauskirche aus der Mitte des 17. Jahrhunderts.

Als ich in der Ortschaft eintreffe und das Kirchlein besichtigen will, stehe ich vor verschlossener Tür. Der Schlüssel soll im einzigen Gasthaus des Ortes verwahrt sein. Doch der Hausherr ist „ausgeflogen". Ich mache mich bei Bauernhöfen bemerkbar und lande beim Dorfschullehrer, der sich dazu bereit erklärt, einen Ersatzschlüssel für mich aufzutreiben. In diesem Moment besucht zufällig der Sohn des Gastwirtes das Elternhaus und ich habe plötzlich zwei gleiche Schlüssel in Händen. Einmal die Klinke herumgedreht und ich stehe in einem länglichen Raum mit schiefem Mauerwerk und bin überwältigt: keine Sakristei, keine goldenen Altäre, keine Marmorsäulen. Auch keine Gnadenbilder, Madonnen mit Jesuskind oder prunkvolle Heiligenstatuen. Stattdessen buntes Wanddekor mit Gestirnen im abstrakten Stil. Es könnten Meisterwerke von Picasso oder Hundertwasser sein, nur mit einem Unterschied: Die Unikate entstanden bereits 350 Jahre früher!

Nur ein einziges frühchristliches Symbol in der Apsis ist figürlich hingepinselt: Elias im Himmelswagen. Wer war dieser Götterbote? Ein bedeutender jüdischer Prophet aus dem Ostjordanland, der im 9. vorchristlichen Jahrhundert lebte, erzählt die Bibel. Elias' Himmelfahrt findet im Beisein eines Zeugen statt. Elisäus ist zugegen, als der „feurige Wagen des Herrn mit feurigen Pferden" die beiden trennt und Elias entführt. Der Prophet „fuhr im Wirbelsturm zum Himmel empor", so beschreibt es das 2. Buch der Könige (Kapitel 2). Was war passiert? Bekam Elias die Macht Gottes zu spüren? Oder gab es antiken UFO-Alarm?

Ob man an Besucher aus dem Kosmos glaubt oder nicht: Die Fresken in der Ladislauskirche von Siget in der Wart sind ein kunsthistorisches Wunder *(siehe Farbteil Seite 152)*.

DAS „RAUMSCHIFF" VON GOBERLING

Nur zwölf Kilometer von Siget entfernt liegt das Dorf Goberling. Hoch über dem Ort steht das Elisabeth-Kirchlein aus dem 13. Jahrhundert. Beim Betreten fallen sofort fantastische Malereien über der halbrunden Altarnische auf.

Im unteren Bereich, getrennt durch ein Rundbogenfenster, sind Fragmente von sechs stehenden Personen zu erkennen. Darüber ist eine schwebende Gestalt dargestellt, die ein Schriftstück ausbreitet. Links davon, verewigt in der Mitte der Apsis, beeindruckt ein großes ovales Objekt, das am Rande von vier Halbkreisen berührt wird. Innerhalb dieser Strukturen sind Wesen zu sehen, drei davon ohne Gesichtszüge. Der erste Eindruck: ein Ding aus einer anderen Welt. Ein Raumschiff? Jedenfalls muss die gezeigte Szene im Kosmos spielen, denn das Gebilde ist von einem Sternenmeer umgeben. Mond und Zentralgestirn sind ebenfalls abgebildet, wobei die Sonne mit Gesicht und fünf geschwungenen Beinchen auch die Schwester von E.T. sein könnte. Entdeckt wurden die außergewöhnlichen Fresken erst bei der Restaurierung im Jahr 1959 *(siehe Farbteil Seite 153 oben)*.

Die Kirche in Goberling

Die traditionelle Deutung zerstört meinen fantastischen Gedanken: In Wirklichkeit ist nicht ein UFO, sondern Christus in der Mandorla zu sehen. Die sakrale Kunst versteht darunter die kreis- oder ellipsenförmige Aura, die den ganzen Körper einer heiligen Person umspannt. Und was bedeuten die vier anderen Halbkreise und Figuren, die um Christus herum angeordnet sind? Es sind die Autoren der vier biblischen Evangelien über das Leben Jesu. Sie sind mit ihren Symbolen abgebildet: Matthäus als Engel in Menschengestalt, Markus als Löwe, Lukas als Stier und Johannes als Adler. Sie gehen auf einen Bibeltext im 4. Kapitel der Offenbarung des Johannes zurück, nehmen aber älteren Bezug auf den jüdischen Propheten Ezechiel im Alten Testament, der um 600 v. Chr. gelebt haben soll. In der Heiligen Schrift wird ausführlich über seine göttliche Begegnung mit der „Herrlichkeit des Herrn" berichtet. Es ist wert, das Buch des Propheten Ezechiel zu studieren und seine eigenen Schlüsse daraus zu ziehen. Schon die erste Begegnung mit dem „Gefährt Gottes" hinterließ beim Ohren- und Augenzeugen Ezechiel einen tiefen Eindruck.

"*Und ich sah, und siehe, es kam ein ungestümer Wind von Norden her, eine mächtige Wolke und loderndes Feuer, und Glanz war rings um sie her, und mitten im Feuer war es wie blinkendes Kupfer.*" (Ez 1,1)

"*Und mitten darin war etwas wie vier Gestalten; die waren anzusehen wie Menschen.*" (Ez 1,5)

"*Und jeder von ihnen hatte vier Angesichter und vier Flügel.*" (Ez 1,6)

"*Und ihre Beine standen gerade, und ihre Füße waren wie Stierfüße und glänzten wie blinkendes, glattes Kupfer.*" (Ez 1,7)

"*Ihre Angesichter waren vorn gleich einem Menschen und zur rechten Seite gleich einem Löwen bei allen vieren und zur linken Seite gleich einem Stier bei allen vieren und hinten gleich einem Adler bei allen vieren.*" (Ez 1,8)

Die Vision des Ezechiel auf einer alten Bibelillustration

Das ist jene Stelle in der Bibel, die eine Verbindung zu den vier Evangelisten herstellt. Aber was hat der Prophet Ezechiel tatsächlich gesehen? Wirklich den Schöpfer des Universums?

Der Bibeltext nennt viele Teilstücke des Vehikels, die mehr an missverstandene Technik als an Wunder denken lassen: an Rotoren eines Hubschraubers, an hypermoderne Radkonstruktionen oder an Düsentriebwerke. Der NASA-Ingenieur Josef F. Blumrich (1913–2002) wollte es genau wissen. 1973 publizierte der Raketenkonstrukteur sein brisantes Werk „Da tat sich der Himmel auf", in dem er den Gotteswagen der Bibel technisch analysierte und kühn als reaktorgetriebene Landefähre eines außerirdischen Raumschiffs interpretierte.

Als mir das Buch wieder in die Hände fiel, wurde ich beim Blättern auf Seite 251 stutzig. Da zeigt der NASA-Experte die geometrische Anordnung von vier Hubschraubern beim „Ezechiel-UFO" auf, die sich für ihn aus der Bibelanalyse ergeben hatten. Zu sehen ist der Grundriss des mutmaßlichen Raumschiffes: Er besteht aus dem zentralen Hauptkörper, gezeichnet als großer Kreis; der Besatzungskapsel, dargestellt als kleiner Kreis im Hauptkörper; und vier Hubschraubern, die den Hauptkörper an den Seiten tragen. Im Schema sind es vier kleinere Kreise, die den großen überschneiden. Der geometrische Grundriss von Blumrichs kurioser Raumschiff-Rekonstruktion entspricht recht genau der Evangelisten-Darstellung mit Mandorla in der Kirche von Goberling! Skeptiker werden abwinken und alles mit Zufälligkeiten erklären. Wie hätte wohl Josef F. Blumrich das Fresko interpretiert? Was hätte er von Propellerdrohnen gehalten, die heute alltäglich in der Luft herumschwirren? Das Grundprinzip der Flugmecha-

nik entspricht erneut der Raumschiff-Rekonstruktion aus den Bibeltexten des Propheten Ezechiel.
Leider konnte ich den gebürtigen Oberösterreicher dazu nicht mehr befragen. Blumrich, der das Forschungslabor *Skylab* und die Mondrakete *Saturn V* mitentwickelt hatte, verstarb 2002 89-jährig in den USA.

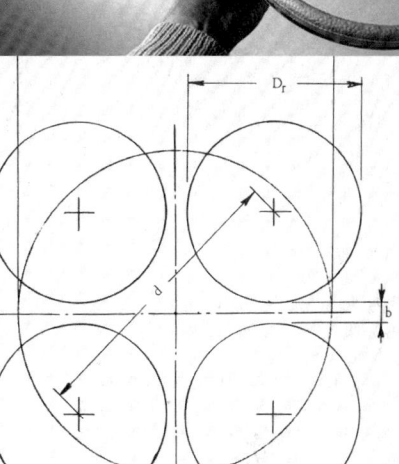

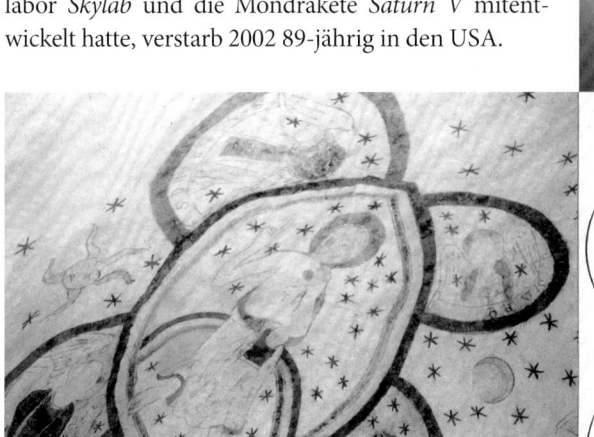

Der Grundriss stimmt mit den Bibeltexten überein: Goberling-Fresko, das Schema der Raumschiff-Rekonstruktion nach Ing. Blumrich und das Flugprinzip moderner Quadrocopter-Drohnen.

Die Unverwesten

WARUM ZERFÄLLT RITTER KAHLBUTZ NICHT?

Was geschieht mit uns nach dem Tod? Unternimmt die Seele eine Reise in eine andere Welt? Wer vermag es zu sagen? Wir wissen lediglich, dass der Körper zerfällt und dem Kreislauf der natürlichen Verwesung unterliegt. Normalerweise. Doch nicht jeder tote Körper zerbröselt. Extreme klimatische Bedingungen können den Verwesungsprozess stark verlangsamen. Bestimmte Bodenbedingungen, trockene Hitze, Dauerfrost, Luftabschluss oder Pech und Asphalt bieten gute Bedingungen für die Konservierung von Leichen. Bakterien beißen hier ins Leere. Trotzdem existieren menschliche Leichname, bei denen logische und geläufige Erklärungen bisher nicht ausreichen, um das Rätsel ihrer Unversehrtheit zufriedenstellend zu erklären. Es sind etliche Fälle bekannt, bei denen Tote nicht in luftdicht abgeschlossenen Metallsärgen begraben waren. Oder ein Unverwester lag direkt neben anderen Leichnamen, die sich völlig normal zersetzten.
Die Mumie des preußischen Ritters Christian Friedrich von Kahlbutz

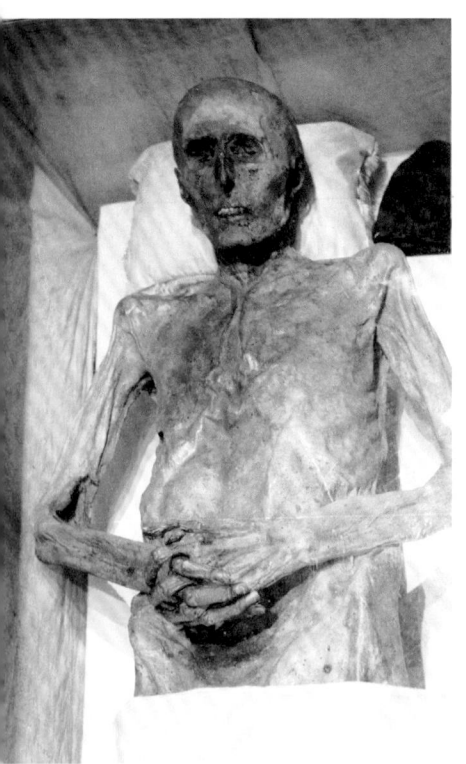

(1651–1702) ist hierfür ein beliebtes Beispiel. Sie liegt seit mehr als drei Jahrhunderten unversehrt im brandenburgischen Kampehl. Der „Kahlbutz", wie er heute noch von Bewohnern genannt wird, kann dort in der Gruft der Dorfkirche von jedermann besichtigt werden. Der Überlieferung nach wurde der Mann des Mordes an dem Verlobten seiner Dienstmagd beschuldigt. Bei der Gerichtsverhandlung soll er einen Entlastungseid geleistet haben, der zu seinem Freispruch aus Mangel an Beweisen führte. Ritter Kahlbutz bezeugte vor Richter und Geschworenen: „Bei Gott, wenn ich doch der Mörder bin gewesen, dann soll mein Leichnam nie verwesen!" Als 1794 die Kirche von Kampehl renoviert wurde, sind drei Särge geöffnet worden. Dabei kam ans Tageslicht, dass zwei Tote nur noch Skelette waren, doch der Leichnam von Ritter Kahlbutz war nicht verwest. Warum? Bis heute wird über die verfluchte Ursache der Unversehrtheit gerätselt.

MORBIDE MUSTERBEISPIELE

Das Phänomen der Unversehrtheit ist – im Gegensatz zur Kahlbutz-Geschichte – aber bevorzugt bei Männern und Frauen feststellbar, die im „Geruche der Heiligkeit" von uns gegangen sind. Das heißt vor allem bei gottgläubigen Menschen, die schon zu Lebzeiten einen guten Draht zum Übernatürlichen hatten. In Kirchengrüften des Abendlandes liegen rund tausend Tote, die seit Jahrhunderten nicht verwesen. Viele Leichname sind öffentlich zur Schau gestellt, manchmal pietätlos. Einige marode Beispiele für „Gruftis" und „Mumientouristen".

OBEN:
Der nicht verweste
Ritter Kahlbutz

RECHTS UNTEN:
Ein Unverwester
im Bremer Dom

· Im „Bleikeller" in Bremen, in der Ostkrypta des St.-Petri-Doms, sind acht Mumien in ihren offenen Särgen unter Glas zu sehen. Sie stammen aus dem 17. und 18. Jahrhundert.

· Die französische Seherin Bernadette Soubirous, heiliggesprochen nach einer Serie von Marienerscheinungen in Lourdes, starb 1879. Sie ruht unverwest (allerdings sind Gesicht und Hände mit einer dünnen Wachsmaske bedeckt) in einem Glasschrein in der Kirche des Klosters St. Gildard in Nevers.

· In der St.-Stephans-Basilika in Budapest liegen die sterblichen Überreste von Stephan von Ungarn (969–1038)

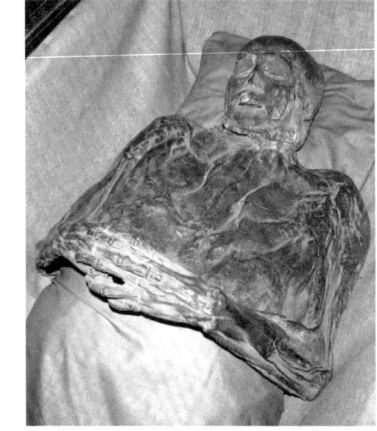

mit seiner unverwesten, bis heute verehrten „heiligen rechten Hand"

- Der Leichnam der heiligen Klara von Assisi (um 1193/94–1253), Ordensgründerin der nach ihr benannten Klarissen, liegt in einem Glasschrein in der Krypta der Basilika Santa Chiara, einer Kirche in Assisi, im mittelitalienischen Umbrien
- Nikolosa Bursa, die Äbtissin des Klosters San Servolo, starb 1512 in Venedig. Ihr nicht verwester Leichnam befindet sich heute in der Kirche von Vodnjan in Istrien, gemeinsam mit 350 Reliquien von 250 anderen Heiligen.

Der Glassarkophag der Bernadette Soubirous

- Teresa Margareta Redi (1747–1770), Nonne und Mystikerin aus Florenz. Sie ist dort im Chor der Karmelitinnenkirche S. Teresa in einem Glassarg bestattet.
- Jean-Baptiste Marie Vianney (1786–1859), genannt „Pfarrer von Ars", aufgebahrt in der Basilika Saint-Sixte d'Ars in der französischen Gemeinde Ars-sur-Formans (Region Auvergne-Rhône-Alpes).
- Die Ordensfrau Cathérine Labouré (1806–1876), 1933 unverwest aufgefunden. Heute ist ihr Körper in der Wallfahrtskapelle der Vinzentinerinnen in Paris (Rue du Bac) zu sehen.
- Gleich 250 Mumien von christlichen, größtenteils unverwesten Heiligen befinden sich in der Kirche des hl. Blasius in Vodnjan auf der Halbinsel Istrien (nahe der Stadt Pula) im Nordwesten Kroatiens.

DER „LUFTG'SELCHTE" PFARRER
VON ST. THOMAS

Mumienrätsel gibt es auch in Österreich. Eines führt zum „luftg'selchten Pfarrer" von St. Thomas am Blasenstein in Oberösterreich. Abgelegen auf 723 Metern Seehöhe thront in Sichtweite zur Wallfahrtskirche das Wahrzeichen der Gemeinde: die sogenannte „Buckelwehluckn". Zwei massive Granitblöcke lehnen aneinander und bilden einen engen Spalt. Dieser Kultstein soll bereits in prähistorischen Zeiten ein magischer Ort gewesen sein. Altem Volksglauben nach hilft ein Durchkriechen von Ost nach West gegen Kreuzschmerzen und rheumatische Beschwerden.

Der wahre Schatz von St. Thomas liegt unter dem Gotteshaus: der natürlich mumifizierte Leichnam des Augustiner-Chorherrn Franz Xaverius Sydler de Rosenegg (1709–1746). Durch einen Kreuzgang oberhalb der Kirche gelangt man zu seiner bescheidenen Gruft. In einer Wandnische befindet sich ein Holzsarg mit dem Leichnam, schützend umgeben von einer Glasvitrine. Wirft jemand zwei Euro in ein Kästchen, geht für ein paar Minuten das Licht an. Was einem flugs entgegenblickt, erzeugt Gänsehaut: ein menschlicher Schädel, stark angegriffen bei Augen und Mund, starrt in die Gesichter der Touristen. Hingegen sehr gut erhalten: die überkreuzten Arme am Brustkorb, die Hände, der Hals und die völlig kariesfreien Zähne. Der Geistliche trägt noch Reste seiner Kleidung. Es wird erzählt, er sei an Epilepsie gestorben. Franz Xaverius gilt daher als Helfer bei dieser spontan auftretenden Fallsucht. Seltsames erwähnt hingegen die alte Pfarrchronik: Demnach wurde der Kirchenmann sehr schnell beerdigt, nämlich bereits einen Tag nach seinem Tode. Als man in der ersten Hälfte des 19. Jahrhunderts das Grab ausräumen wollte, fand man überrascht seinen unversehrten Leichnam. Seither spricht der Volksglaube von einem Wunder.

Wissenschaftliche Studien zur Mumie sind rar. Ein Experte, der sich seit 2001 dem Rätsel angenommen hat, ist der Chemiker Dr. Bernhard Mayer. Er machte Scans mit einem mobilen Röntgengerät und entdeckte dabei im Bauch der Mumie eine Kugel. Mit mehr als einem Zentimeter Durchmesser kommt sie als Geschoss einer Feuerwaffe nicht infrage. Dafür ist sie zu groß. Mayer vermutet eine Kapsel, in der sich vielleicht Antimon oder Quecksilber befinden. Wurde Franz Sydler vergiftet? Seltsamerweise sieht der Fremdkörper original verschlossen aus. Das mutmaßliche Gift scheint nicht ausgetreten zu sein. Mit der These für das Nichtverwesen der Leiche aufgrund chemischer Substanzen passt das nicht zusammen. Klarheit könnte vielleicht gewonnen werden, wenn die Kugel aus dem Bauch operiert und analysiert würde. Doch weder die Gemeinde noch Dr. Mayer wollen den Eingriff vornehmen.

Somit konnte das Rätsel bis zum heutigen Tage nicht restlos geklärt werden. Der „luftgeselchte" Pfarrer verwest auch nach 270 Jahren nicht. Totgesagte „leben" eben länger! *(siehe Farbteil Seite 154 rechts oben)*

Barockjuwel
mit bizarrer Reliquie

DAS „SICHELWUNDER" DER HEILIGEN NOTBURGA

Aus der Kirchengeschichte sind viele sonderbare Heilige bekannt. Bei einigen ist zweifelhaft, ob sie tatsächlich gelebt haben. Die beliebte Tiroler Volksheilige Notburga gehört dazu. Die Legende erzählt, sie sei 1265 als Tochter eines Hutmachers in Rattenberg am Inn geboren, das zu jener Zeit zu Bayern gehörte. Dort lebte sie als Köchin und Magd auf Schloss Rattenburg und kümmerte sich aufopfernd um Mittellose, verteilte Essen an Bedürftige und pflegte Kranke. Da dies der hartherzigen Burgherrin nicht passte, musste sie die Burg verlassen und arbeitete als Magd bei einem Bauern in Eben am Achensee.

Der Patronin der Dienstmägde und der Landwirtschaft werden possierliche Wunder nachgesagt. Das berühmteste ist das „Sichelwunder". Notburgas Dienstherr soll zur Erntezeit von seiner Magd und anderen Gehilfen verlangt haben, dass auch nach dem Läuten der Feierabendglocken fleißig weitergeschuftet wird. Selbst am ehrwürdigen Sonntag, der Jesus Christus, dem Gottesdienst und Gebeten vorbehalten war, sollte das Getreide ruckzuck geschnitten werden. Die fromme Notburga war gedanklich bereits auf das tägliche Abendgebet eingestimmt. Als ihr dieses verweigert wurde, streikte sie und warf ihre Sichel in die Höhe, um von „oben" ein göttliches Zeichen der Hilfe zu erbitten. Der Himmel-

Die Notbura-Heiligen-statue in Eben am Achensee

vater antwortete gnädig. Die Sichel blieb wie von Geisterhand über Notburgas Kopf schwebend in der Luft hängen. Der Bauer soll beim Anblick so perplex gewesen sein, dass er Notburga samt Dienstboten geläutert in den verdienten Feierabend schickte. Das angestammte Recht der Sonntagsruhe und die Zeit für Dankesgebete an den Schöpfer waren gerettet. Der Überlieferung nach ist Notburga am 13. September 1313 verstorben. Ihrem Wunsch zufolge ließ ihr Dienstherr die Leiche auf einen Wagen legen. Es wird erzählt, Ochsen hätten alleine ohne Zugführer den Leichnam über den Inn „auf den Eben" (wie man früher das Flurgebiet nannte) gebracht.

Dort soll die vorbildliche Magd dann im Rupertuskirchlein ihre letzte Ruhestätte gefunden haben. In der Folge zog der Ort viele Pilgerscharen an und die Notburga-Anbetung verbreitete sich rasant in ganz Tirol und Süddeutschland. Außerdem gibt es die Gnadenstätten der „mittelalterlichen Gewerkschafterin" beinahe in allen österreichischen Bundesländern und sie bestehen ebenso in der Schweiz, Slowenien und Kroatien. Vom „einfachen Volk" wird die heilige Notburga bis heute geliebt und verehrt, auch wenn sie inzwischen viel von ihrem Kurswert verloren hat. Vermutlich deshalb, weil es kaum noch unterdrückte Dienstmägde gibt und an gelobten Feiertagen weder vor Sünde noch vor Workaholics haltgemacht wird. Es lohnt sich dennoch, der „stillen" Heiligen persönlich in Tirol „grüß Gott" zu sagen.

DAS GANZKÖRPERSKELETT AM ALTAR

Elvira und ich folgen neugierig dem überlieferten Wirken der Volksheiligen und machen uns auf den Weg zur Besichtigung ihres Heiligtums – der barocken Nachfolgekirche aus der ersten Hälfte des 18. Jahrhunderts

Wahre Abbildung des gefaßten hl. Leibes der hl. Jungfrau Nothburga zu Eben im Innthale.

Lith. Anstalt von Joh. Kravogl in Innsbruck.

Notburga-Heiligenbild

im Bezirk Schwaz. Von der Ortschaft Jenbach im Unterinntal führt eine schmalspurige Zahnradbahn im Schneckentempo hinauf zum Achensee. Die Touristenmassen zieht es zu den Booten am romantischen Seespitz, während wir eine Station vorher in Eben die alte Dampflok verlassen.

Auf dem Weg zur Wallfahrtsstätte begegnen wir keiner Menschenseele. Das Dorf scheint wie ausgestorben. Nur die Kirche ist geöffnet. Über dem Sockel am Hochaltar erhebt sich ein mächtiger Säulenaufbau aus Stuckmarmor. Im Zentrum in einer Nische hinter Glas, genau dort, wo man üblicherweise Gnadenbilder und Kruzifixe von Christus dem Erlöser oder Skulpturen der Gottesmutter Maria erwarten würde, steht ein menschliches Ganzkörper-Skelett! Der Sage nach ist es der Leib der heiligen Notburga.

Bis auf ihren grotesken Totenkopf, der von einem goldenen Heiligenschein bekrönt ist, sind die Gebeine in ein perlengeschmücktes Kleid mit kostbaren Goldstickereien gehüllt. In der erhobenen rechten Hand hält sie ihr Attribut selbstbewusst in die Höhe – die Sichel. Die Linke hält eine mit Brot gefüllte Schürze empor und am linken Unterarm hängt eine Kanne – beides Zeichen der Nächstenliebe der heiligen Notburga. Die Szene wirkt auf uns trotzdem etwas unheimlich. Notburgas sterbliche Überreste erinnern an Gevatter Tod, der wie ein Gespenst bizarr vom Altar herab zu den Sterblichen blickt. Am Fußboden vor dem Allerheiligsten ist ein Grabstein zu sehen. Er markiert jene Stelle, wo Notburga ursprünglich beigesetzt wurde *(siehe Farbteil Seite 155 unten).*

BESCHÜTZTE KNOCHEN

In der Wallfahrtskirche von Eben verblüfft noch eine Einmaligkeit: Der Schrein mit der bekleideten Skelettfigur ist mit Eisenplatten gesichert, die mit einem versteckten Kurbelmechanismus hochgezogen werden, sobald ein Frevler den Schätzen der Volksheiligen zu nahe kommt. Die Besorgnis ist nicht unbegründet. Die Chronik vermerkt, dass am 6. August 1878 Räuber den „kostbaren Schmuck, wertvolle Ringe, Perlenschnüre, Diamanten, silberne Schlüssel, das lange Überkleid" und Notburgas wundersame „Sichel" gestohlen hätten. Die Heilige stand „nur mehr mit kurzem Unterrocke" am Altar, erfahren wir von Zeitzeugen. Dem Entsetzen nicht genug, seien ihr zudem die Gelenke brutal herausgerissen und das Haupt verdreht worden. Dem Sakrileg folgte die überirdische Gerechtigkeit. Die Gauner wurden noch im selben Jahr in München von der Polizei gefasst, berichtet Franz Hattler in seiner zeitgenössischen Broschüre „Gottesraub in Eben". Mit dem Erlös seiner Veröffentlichung wurde die Neueinkleidung von Notburga finanziert.

Die Reliquien von christlichen Wundertätern werden in vielen katholischen Gotteshäusern aufbewahrt. Sie verstauben in Kammern oder etwas versteckt liegend in einem Seitenaltar. Allein im alpenländischen Raum sind etwa 2000 solche „Heiligen Leiber" erhalten. Es gibt aber keine Kirche, in der das Skelett eines Heiligen quasi in Vertretung des Erlösers stehend zur Verehrung aufgestellt ist. Es entspricht auch nicht den kirchlichen Bestimmungen. Dennoch, die heilige Notburga steht immer noch aufrecht auf dem Hochaltar. Weshalb? Ist das Gerippe tatsächlich jenes der frommen Notburga? Wie kam es dorthin? Verträgt sich die Schaustellung mit christlicher Ethik?

Die Wallfahrtskirche in Eben

HISTORISCHE HEILIGE ODER FIKTION?

Wo sind die historischen Belege dafür, dass eine Heilige namens Notburga überhaupt gelebt hat? Wann die Verehrung um die Volksheilige genau begann, ist nicht mehr feststellbar. Tatsache ist, das Brauchtum um ihre Person ist weit verbreitet. Das belegen zahlreiche Darstellungen in Kirchen und Schaustücke im 2004 eröffneten „Notburga-Museum". Es befindet sich direkt neben der Kirche im ehemaligen Pfarrhaus und beherbergt das älteste erhaltene Original-Pergament zum Notburga-Ritus.

Es überrascht aber doch, dass wir über die verehrte Wundertäterin im Grunde nichts Gesichertes wissen. Liegt es daran, dass Notburga keine Adelige oder Nonne war, sondern eine einfache Frau aus dem Volk? Durchaus möglich, dass die sozial engagierte Notburga eine geschichtliche Person war, aber es gibt keine historischen Dokumente, die das zweifelsfrei bestätigen könnten. Vorhanden sind lediglich Legenden über ihr Wirken und die Erzeugnisse religiöser Volkskunst.

Den ältesten Hinweis gibt im 17. Jahrhundert der Tiroler Arzt und Universalgelehrte Hippolyt Guarinoni (1571–1654). Seinen Texten ist zu entnehmen, dass es schon um 1434 in der Notburga-Kapelle in Eben ein Täfelchen mit der Lebensbeschreibung Notburgas gegeben hat. Das Original ist allerdings verschollen oder wurde zerstört. Wenn kein urkundlicher Beweis vom Leben eines Menschen vorliegt, wie kann er dann mit päpstlichem Sanktus zur populären Heiligenfigur werden? Seit dem Konzil von Trient (1545–1563) wurde die Verehrung neuer Heiliger oder Reliquien vom Kirchenregiment erlaubt, aber nur unter strengsten Regeln. Martin Luther hatte sich gegen die Reliquienverehrung ausgesprochen und damit auch die katholische Kirche veranlasst, neue Maßstäbe zu setzen.

171

Was wir über Notburga wissen, verdanken wir vor allem dem Jesuiten Jean Perier alias Johannes Perierus. Der Gelehrte lieferte 1753 mit der „Acta Sanctae Notburga" eine lateinische Zusammenfassung aller bekannten Daten. Doch schon Jahrzehnte früher wurde ihre Heiligsprechung in Rom angestrebt. Weiters notiert bereits eine Kirchenchronik aus dem Jahr 1602, dass sich unter dem Hochaltar die sterblichen Überreste der Notburga befinden würden. Das könnte der handfeste Beweis dafür sein, dass Notburga doch keine Fiktion ist. Das dachte sich 1718 auch der Brixner Fürstbischof Caspar Ignaz Graf Künigl und erlaubte amtlich, nach den Reliquien der Notburga zu suchen. Als man das Grab entdeckte, den steinernen Sargdeckel öffnete und ein Skelett vorfand, schien die Legende bestätigt. Aufgefundene Fragmente von Frauenkleidern und ein Koriandergürtel untermauerten diesen Verdacht. Anno 1735 folgte schließlich die bischöfliche Erlaubnis zur öffentlichen Verehrung der Reliquie. Die offizielle Anerkennung durch Papst Pius IX. ließ dennoch auf sich warten. Sie folgte erst im Jahre 1862.

Der 13. September gilt als offizieller Notburga-Festtag. Immer am Sonntag danach findet seit mehr als 150 Jahren in Eben am Achensee die feierliche Prozession zu Ehren Notburgas statt. Die Predigt wird meist im Freien abgehalten, wobei Mädchen eine ländlich geschmückte Notburga-Statue tragen, begleitet von Frauen in Unterinntaler Tracht.

DAS CORPUS DELICTI

Worin gründet die Tradition um Notburga? Bereits im 19. Jahrhundert zweifelten „Aufgeklärte" daran, dass das Skelett im barocken Kleidchen wirklich jenes der Notburga sei. Der Heimatforscher Leopold Schmidt wies 1952 zudem in einer Studie darauf hin, dass sich die Wesenszüge, Attribute und Kulthandlungen um Notburga bereits bei den Phöniziern und anderen antiken Völkern nachweisen lassen. Verschmolzen heidnische Ernte-

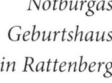

Notburgas Geburtshaus in Rattenberg

und Fruchtbarkeitsriten mit christlicher Religion? Könnte das Sinnbild der
Notburga eine christianisierte Sichelfrau aus der Vorzeit sein? Oder war sie
doch eine ehrliche Tiroler Magd aus dem Mittelalter? Und das Gerippe am
Hochaltar? Ist es wirklich der Leib der überlieferten Volksheiligen?
Gewissheit gibt es nicht. Aber ein Ereignis verdient doch Beachtung. 1988
bis 1992 wurde die Wallfahrtskirche aufwendig renoviert. Dabei haben
Archäologen, Konservatoren und Mediziner der Universität Innsbruck auch
das brüchige Skelett genauer unter die Lupe genommen. Eine DNA-Ana-
lyse fehlt bis zum heutigen Tag, aber etwas haben die Experten doch feststellen können: Das Gerippe stammt tatsächlich von einer Frau, die Anfang
des 14. Jahrhunderts gelebt hat. Das stimmt mit der zeitlichen Datierung
des Todes der heiligen Notburga und der Überlieferung ihrer Beisetzung
in der Dorfkirche von Eben überein. Fazit der Geschichte: Heilige und ihre
Legenden sterben nie.

GÖTTLICHE BESCHERUNG

Das Wunder von Bethlehem,
die Schätze von Santiago de Compostela
und das „Jesusstern-Sakrileg"

„Wer in Glaubenssachen den Verstand befragt,
kriegt unchristliche Antworten."

Wilhelm Busch (1832–1908)
deutscher Dichter und Zeichner

Vorchristliche Weihnachten

GÖTTLICHE GEBURT

Alle Jahre wieder feiert die Christenwelt am 25. Dezember die Geburt Jesu. Das Datum ist seit dem vierten Jahrhundert festgeschrieben. Das war nicht immer so. Zuvor behaupteten spätantike Texte, das Jesuskind habe am 28. März das Licht der Welt erblickt. Der Termin würde besser zur Weihnachtsgeschichte passen, wonach Jesus zu einer Zeit geboren wurde, als die Hirten nachts bei ihren Herden blieben (Lukas 2,8). Das war traditionell das Frühjahr, wenn die Lämmer geboren wurden.

Die Festlegung des Weihnachtsfestes auf den 25. Dezember könnte mit einem Krieg in Syrien zusammenhängen. Im Jahr 272 besiegte der römische Kaiser Aurelian die Truppen von Palmyra. Als Dank für diesen Sieg erklärte der Herrscher den 25. Dezember – der Geburtstag des unbesiegbaren Sonnengottes *Sol Invictus* – zum Feiertag im Römischen Reich.

Im frühen Christentum wurde Jesus Christus sinnbildlich selbst mit einem Sonnengott verglichen. Der Grund liegt in der biblischen Verheißung, wonach der Erlöser die „Sonne der Gerechtigkeit" sei, wie es dazu in der Schrift *De pascha computus* aus dem Jahr 243 n. Chr. heißt. Ein aus dem 3. Jahrhundert stammendes Mosaik in der Vatikanischen Nekropole bestätigt diese Glaubensvorstellung. Es zeigt Christus als Sonnengott mit Heiligenschein und Strahlenkranz, wie er einen Sonnenwagen steuert, der von Osten nach Westen fliegt. Es spricht viel für die These, dass der Feiertag des *Sol Invic-*

SEITE 174:
Stadtwappen mit dem Stern von Compostela

UNTEN:
Mithraskult-Relief, gefunden im Rheinland (2. Jh.)

tus von christlichen Klerikern bewusst übernommen und „christianisiert" wurde. Ob Frühjahr oder Winter: Das Geburtsdatum des Erlösers scheint von frommen Rechenkünstlern willkürlich festgelegt worden zu sein. Weder Papst noch bibelfeste Historiker können gesichert belegen, wann genau der historische Jesus von Nazareth geboren wurde *(siehe Farbteil Seite 156 oben)*. Was beim weihnachtlichen Wiegenfest stutzig macht: die Tage vom 21. bis 25. Dezember waren lange vor dem Christentum vielen antiken Kulturen heilig. Es ist die Zeit der Wintersonnenwende, bei der die Sonne senkrecht über dem südlichen Wendekreis steht. Der genaue Zeitpunkt war den Menschen immer wichtig. Damals wie heute freuen wir uns darüber, dass nun die Tage wieder länger werden und der Frühling näher rückt. Bereits früheste prähistorische Observatorien wie das südenglische Stonehenge oder die 7000 Jahre alte Kreisgrabenanlage von Goseck in Sachsen-Anhalt belegen erstaunliche Kenntnisse zum astronomischen Phänomen der Sommer- und Wintersonnenwende.

PARALLELEN ZUM MITHRASKULT

Was noch stutzig macht: Kann es wirklich Zufall sein, dass etwa der persische Sonnengott Mithras am 25. Dezember von einer Jungfrau geboren wurde? Wie Christus soll er mit zwölf seiner Anhänger ein letztes Abendmahl gehalten haben, bevor er starb und auferstand von den Toten. Frühchristliche Gotteshäuser wie die Basilika San Clemente in Rom oder die Ruster Fischerkirche nahe dem Neusiedler See in Österreich wurden über ehemaligen Mithras-Kultstätten errichtet. Auf dem gesamten Gebiet des ehemaligen Römischen Reiches wurden über tausend sogenannte „Mithräen" nachgewiesen. Das ist gewaltig, wenn man bedenkt, dass das heutige Rom mit seinen fast drei Millionen Einwohnern „nur" 200 Kirchen besitzt.
Vor zwei Jahrtausenden waren die Erlöser Mithras und Jesus Konkurrenten. Mit dem Siegeszug des Christentums verlor der Mithraskult im 4. und 5. Jahrhundert n. Chr. zunehmend an Bedeutung. Die Vermutung liegt nahe, dass altes Wissen und alte Gebräuche wie das Fest zum Zeitpunkt der Wintersonnenwende von den ersten Kirchenvätern übernommen wurden. „Da die junge christliche Kirche den fremden Kult in seinen ähnlichen Variationen nicht unterdrücken konnte, vereinnahmte sie ihn und setzte den 25. Dezember als Geburtstag des jungfräulich geborenen Jesus fest", erklärt dazu der deutsche Bibelexperte Walter-Jörg Langbein in seinem „Lexikon der biblischen Irrtümer". Für den Theologen besteht kein Zweifel daran, dass heidnische Himmelsgöttinnen durch Maria und unbefleckt geborene Sonnensöhne durch Jesus ersetzt wurden. „So konnten jahrtausendealte Feiern weiter zelebriert werden, nur dass sie nach und nach christianisiert wurden." Mit Kaiser Konstantin (zw. 270/288–337) wurde die neue Glaubensvorstellung dann offiziell und das Christentum zur Massenreligion.

Wenn, überspitzt formuliert, Mithras zu Jesus wurde und Isis zu Maria, ist die Suche nach dem historischen Jesus dann vergeblich? Gewiss nicht. Die Existenz Jesu, seine Lehren als Wanderprediger und die Stätten seiner Aufenthalte im Heiligen Land sind recht gut bezeugt. Für eine solide Biografie reicht es dennoch nicht. Über die Jahre als Kind und Jugendlicher fehlen konkrete Hinweise ebenso wie über sein wahres Aussehen. Wir

Maria, in „guter Hoffnung", auf einem Fresko in der Martinskapelle Bregenz, um 1360

wissen nicht, wie Jesus zu dem wurde, was er war. Hinzu kommt, dass die frühesten Zeugnisse seines Wirkens, etwa die Briefe des Apostels Paulus oder das Markus-Evangelium, erst Jahrzehnte später veröffentlicht wurden. In der Folge haben sich bis hinein in die jüngste Gegenwart grobe Übersetzungs- und Rechenfehler eingeschlichen und hebräische Urtexte sind missverständlich interpretiert worden. Gleiches gilt für theologische Dogmen wie „Unbefleckte Empfängnis", „Heiliger Geist" und „Dreifaltigkeit".

Inzwischen sind sich die meisten Geschichtsforscher über eines einig: die „Weihnacht" vom 24. auf den 25. Dezember des Jahres „Null" kann nicht das authentische Datum der Geburt Christi gewesen sein. Angenommen, der Kalender stimmt, dann irrt die Bibel, denn im Matthäus-Evangelium wird beschrieben, wie der über Judäa herrschende Tyrann Herodes von der bevorstehenden Geburt des „Königs der Juden" erfuhr. Der machthungrige Despot bangte um seinen Thron und „ließ in Bethlehem und der ganzen Umgebung alle Knaben bis zum Alter von zwei Jahren töten, genau der Zeit entsprechend, die er von den Sterndeutern erfahren hatte". Ob die Geschichte stimmt, darf erneut angezweifelt werden. Es existiert keine zweite Quelle. Fakt ist aber, dass König Herodes bereits im Jahre 4 vor unserer Zeitrechnung in Jericho verstarb. Jesus kann demnach nicht im Jahre „Null" geboren worden sein.

Wundersame Geburtsgrotte

Zahlenspielerei hin oder her, die berühmteste Bibellegende ist und bleibt mit dem Wunder von Bethlehem verknüpft. Umgeben von Weinbergen, Olivenhainen, Granatäpfel- und Feigengärten, mit den weißen Häusern, die in die benachbarte Wüste hinausschimmern, den vielen Minaretten und Kirchtürmen, ist die Stadt Bethlehem seit der Spätantike ein Ziel der Touristen und Wallfahrer. Der Ort liegt auf zwei 830 Meter über dem Meeresspiegel ragenden Hügeln im Palästinensischen Autonomiegebiet, etwa neun Kilometer südlich von Jerusalem an der Straße nach Hebron. Der einzige Schandfleck: Nördlich der Stadt verläuft die israelische Sperranlage, die mit einer bis zu acht Meter hohen Mauer Bethlehem von Jerusalem und kleineren palästinensischen Dörfern wie Walaja und Jaba trennt.

Jeder kennt die berührende Geschichte der Stadt, selbst ungläubige Zeitgenossen erinnern sich zur Adventzeit daran: Maria hatte vom himmlischen Boten erfahren, dass sie durch überirdische Hilfe des „Heiligen Geistes" schwanger werden würde. Bald darauf wanderte sie in „guter Hoffnung" mit ihrem Mann Josef zurück in dessen Heimatstadt Bethlehem. Der Grund dafür sei eine von Kaiser Augustus befohlene Volkzählung gewesen, so die Überlieferung. Schließlich wurde Jesus in einem Stall geboren und – zwischen Ochs und Stier – in einen Futtertrog gelegt.

Tatsächlich wird in der Siedlung von Bethlehem ein wundersamer Platz verehrt, der für Christen als Geburtsstätte Jesu gilt. Nichts was an eine Stallung erinnern könnte, aber eine Grotte, die ab dem 2. Jahrhundert mit dem „Christkind" in Verbindung gebracht wird. Die weitverbreitete Vorstellung, die Krippe von Jesus hätte sich in einem Viehstall aus Holz befunden, entstammt wohl eher dem Bild westlicher Tradition. Glaubwürdiger ist eine Höhle als „Herberge". Es war damals in der Gegend nicht ungewöhnlich, dass Hirten ihre Herden nachts darin hielten. Zudem sind palästinensische Häuser häufig über Höhlen errichtet worden.

Was wir noch über den vermuteten Geburtsort Jesu wissen: Bethlehem war bereits im Altertum ein religiöses Zentrum. Dem babylonischen Fruchtbarkeitsgott Bet-Lahama wurde hier gehuldigt. Sein Name lässt sich aus den vorchristlichen Begriffen „Fleisch" und „Brot" ableiten. Aus den ägyptischen Amarna-Briefen geht außerdem hervor, dass der israelitische König David am selben Ort geboren wurde, aus dem Jesus stammen soll. Und der jüdische Prophet Micha weissagte in seiner Schrift, dass in Bethlehem der Messias geboren werden sollte.

„Gehörnter" Moses von Michelangelo

Mit der Herrschaft von Kaiser Konstantin und seiner Mutter Helena wurde Bethlehem dann endgültig als heilige Stätte des Christentums etabliert. Sie ließen um 334 über der Geburtsstätte eine Kirche bauen, die sie dem Erlöser weihten. Sie bestand aus einem großen Atrium und einer Basilika mit zwei Säulenreihen auf jeder Seite. Genau über der Geburtsgrotte errichtete man einen achteckigen Bau und ermöglichte den Blick auf die darunterliegende Höhle. An Bedeutung gewann der Ort durch den spätantiken Kirchenvater Hieronymus (347–420). Der Heilige kam 386 nach Bethlehem, wo er seine lateinische Bibelübersetzung „Vulgata" vollendete. Darin findet sich auch ein amüsanter Übersetzungsfehler: Der hebräische Begriff *Keren* für „Strahl" oder „leuchtend" wurde fälschlicherweise mit *Cornu*, einer Bezeichnung für „Horn" oder „gehörnt", gelesen.

Das führte dazu, dass der Bibelprophet Moses häufig mit zwei bedrohlichen Hörnern dargestellt wurde, die irritierend an das Abbild Satans denken lassen. Besonders befremdlich ist das in der Tübinger Stiftskirche St. Georg verewigt und auch in einem berühmten Meisterwerk Michelangelos in der Kirche San Pietro in Vincoli in Rom. Kein Übersetzungsfehler in der „Vulgata" ist der wiederholte Textverweis zur Geburtsgrotte, etwa im 46. Brief, wenn es heißt: „Hier in einer kleinen Erdspalte wurde der Schöpfer des Himmels geboren."

ERSCHEINUNGEN UND RELIGIÖSE KONFLIKTE

Die Originalkirche über der Geburtsgrotte wurde unter Kaiser Justinian I. (um 482–565) abgerissen und ein weitaus größerer und prächtigerer Bau errichtet. Er hat viele Kriegswirren weitgehend unbeschadet überstanden. So blieb die Kirche während der Eroberung durch die Perser im Jahre 614 verschont. Der Grund dafür wird an der ursprünglichen Fassadenmalerei vermutet: Sie zeigte die „Heiligen Drei Könige" gekleidet im persischen Stil. Von den Kreuzfahrern wurde die Basilika 1169 wieder gründlich restauriert und später von den folgenden moslemischen Besatzern nie vollständig zerstört. Teile der Marmorverkleidung wurden zwar zum Bau des Felsendoms und anderer islamischer Heiligtümer verwendet, aber die ursprüngliche Struktur des festungsähnlichen Gotteshauses ist größtenteils bewahrt worden. Das wird vor allem von der Grotte und der Geburtskapelle behauptet *(siehe Farbteil Seite 156 unten)*.

Behauptet wird auch, dass es hier immer wieder zu Wundern kommt. Im November 1996 soll eine in der Grabeskirche aufbewahrte Jesusfigur geweint haben. Geistliche, Einheimische und Touristen beobachteten das Geschehen, das von Pater Anastasios, Repräsentant des griechisch-orthodoxen Patriarchen von Jerusalem, bestätigt wurde. Ob überirdische Kräfte wirkten, eine optische Täuschung zugrunde lag oder sich nur Kondenswasser „in Tränenform" gebildet hatte, bleibt ungeklärt.

Bizarr ist eine andere Erscheinung, die am 10. Mai 2002 über der Geburtskirche Hunderte Menschen in Staunen versetzte. Es heißt, dass Palästinenser und Israelis wie erstarrt zum Himmel blickten, als eine „wirbelnde Rauchwolke" langsam eine christusähnliche Gestalt annahm. Augenzeugen glaubten an die Wiederkehr des Erlösers, die Behörden sprachen dagegen von „Massenhysterie".

Panik blieb aus, der Zwischenfall verlief friedlich. Das war nicht immer so. Im Laufe der Jahrhunderte kam es am Wunder- und Geburtsplatz Christi immer wieder zu Auseinandersetzungen zwischen den unterschiedlichen Konfessionen. Die Hüter der Stätte waren sich nicht darüber einig, von wem und wie das Jesus-Heiligtum genützt werden darf. Erst 1757 wurde eine Regelung getroffen. Seither gehörten der Hauptaltar und die rechten Seitenaltäre den orthodoxen Griechen, zwei Seitenaltäre links den orthodoxen Armeniern. Den lateinischen Katholiken – der größten Teilkirche innerhalb der römischen Kirche – blieb neben dem „Dreikönigsaltar" (dort wo die Krippe gestanden haben soll) noch der „Stern" unter dem Geburtsaltar. Er soll genau jene Stelle markieren, wo Jesus geboren wurde. Dazu der bekannte Bibelvers: „Dies soll euch das Zeichen sein: Ihr werdet ein Kind finden, in Windeln eingewickelt und in seiner Krippe liegend." (Lukas 2,12)

Die katholische Kirche hat 1717 am mutmaßlichen Geburtsplatz eine sternförmige Silberfassung angebracht. 1847 wurde das Original entfernt, dann nur wenige Jahre später durch den Sultan des Osmanischen Reiches, Abdülmecid I. (1823–1861), neu gestiftet. Der Stern trägt die Inschrift *„Hic de virgine Maria Jesus Christus natus est"* („Hier wurde von der Jungfrau Maria Jesus Christus geboren").

Eingang zur Geburtsgrotte

DAS „UFO" VON BETHLEHEM

Die 14 Zacken des „Jesus-Geburtssterns" stehen symbolisch für die 14 Geschlechter im Stammbaum Jesu. Gleichzeitig erinnert das Kunstwerk an den „Stern von Bethlehem". Bei Matthäus 2,9 steht geschrieben: „Und siehe, der Stern, den sie im Morgenland gesehen hatten, zog vor ihnen her, bis er schließlich über dem Ort stehen blieb, wo das Kind war." Was war das für ein merkwürdiges fliegendes Objekt? Die Lösungsvorschläge der Historiker und Astronomen sind recht kreativ. Eine seltene Konjunktion der Planeten Jupiter und Saturn, bei der sich die Himmelskörper so nahe kamen, dass sie für einen Betrachter zu einem hellen Lichtpunkt zu verschmelzen schienen, wird ebenso in Erwägung gezogen wie ein Komet oder eine Supernova. Was nicht dazupasst, sind die berechneten Zeitdaten für diese Himmelsphänomene und das Flugverhalten des „Sterns", der Legenden zufolge gleiten und abrupt am Firmament stoppen konnte.

Fantasten halten es deshalb für möglich, dass der „Stern von Bethlehem" in Wahrheit ein gesteuertes Flugobjekt gewesen sein könnte. Ein UFO – nicht von dieser Welt? Wer vermag es mit Bestimmtheit zu sagen? Es ist jedenfalls höchst sonderbar, dass drei weise Männer aus dem Orient (die im Volksmund bekannten „Heiligen Drei Könige") imstande gewesen sein

sollen, bloß aus dem Vorhandensein eines auffallenden Himmelskörpers – ohne über genaue Ortskenntnisse zu verfügen – die Heimstatt Jesu aufzuspüren *(siehe auch Farbteil Seite 157 oben)*.

Die Geburt Christi ist eines der beliebtesten Motive in der Kirchenkunst. Ein ungewöhnliches Gemälde trägt den Titel „Madonna e San Giovannino" und regt die Wissenschaft zu vielerlei Hypothesen an. Das Rundbild mit etwa einem Meter Durchmesser ist im Palazzo Vecchio in Florenz ausgestellt. Als Fundort wird das verfallene Kloster Sant'Orsola in Florenz genannt. Wer der Künstler war, ist nicht geklärt. Der Verdacht fällt auf den Meister Domenico Ghirlandaio (1445–1494), der in seinen Arbeiten gerne geheimnisvoll und verschlüsselt vorgegangen ist. Einer seiner Schüler war Michelangelo, der mit 13 Jahren bezahlter Assistent seiner Werkstatt wurde. Was den Laien bei der „Krippenszene" irritiert: Warum ist Maria mit zwei Buben abgebildet? Hatte Klein-Jesus einen Bruder? Für Kunstkenner ist die Sachlage klar: Kein zweiter Jesus ist

zu sehen, sondern Johannes der Täufer als Bübchen.

Aber wie erklären die versierten Kunstexperten den dunklen, diskusförmigen Himmelskörper auf der rechten oberen Seite des Bildes? Er schwebt deutlich am Horizont hinter dem Rücken der Gottesmutter und ist von einem goldgelben Strahlenkranz umgeben. Die Ähnlichkeit mit einem UFO-Foto der Gegenwart ist verblüffend. Verstärkt wird dieser Eindruck durch einen Mann, der auf einem Hügel im Hintergrund der Landschaft steht. Er hat eine Hand auf die Stirn gelegt und blickt erstaunt zur Himmelserscheinung.

Daneben sitzt ein Hund, der mit offenem Maul nach oben guckt. Mit imaginärer Symbolik kann die Szene nicht wegradiert werden. Kunsthistoriker können oder wollen auf dem Gemälde dennoch keine Flugmaschine erkennen. Für sie ist das mysteriöse Strahlenobjekt nichts weiter als eine harmlose „Wolke" oder ein Symbol für den „Stern von Bethlehem". UFO-Enthusiasten werden hinter dem unbekannten Flugobjekt ein außerirdisches Raumschiff vermuten. Wer aber weiß mit Gewissheit, was damals wirklich über der Geburtsstätte schwebte? *(siehe auch Farbteil Seite 157 oben)*

Auf nach
Santiago de Compostela!

Wer heutzutage am Weihnachtsabend nach Bethlehem pilgert, schafft das problemlos, himmlische Orientierungshilfe ist nicht vonnöten. Das festliche Läuten der berühmten Weihnachtsglocken begrüßt Tausende Christen aus aller Welt, die sich jedes Jahr aufs Neue in der Basilika von Bethlehem versammeln, um besinnlich die Geburt Christi zu feiern. Durch einen nur 1,20 Meter hohen Eingang drängen sich „Pilgerschlangen" über schmale Treppen hinunter in die Geburtsgrotte, wo unter dem Geburtsaltar die Stelle mit dem „Stern" gezeigt wird. Hier beten und knien Gläubige ehrfürchtig, erhoffen Trost und göttlichen Beistand.

Was die wenigsten Pilger ahnen: Es könnte sein, dass sie ihr Gebet vor einer Replik sprechen! Für gläubige Christen schwer vorstellbar. Und doch existieren brisante, der Öffentlichkeit bisher nicht bekannte Indizien, die diese unheilige Behauptung stützen. Die Spur führt ins spanische Santiago de Compostela – eine weitere wichtige Wallfahrtsstätte der Christenheit. Nach wie vor ist die Stadt das Ziel der europäischen Pilgerreisen und gehört zum großen Kulturerbe der Menschheit. In der Krypta der Kathedrale ruhen die mutmaßlichen Gebeine des Apostels Jakobus (auch San Jacobu oder heiliger Jakob genannt).

Dieser war einer der zwölf Jünger Jesu und soll das Christentum in die römische Provinz Hispania, das heutige Spanien, gebracht haben und danach wieder ins Heilige Land zurückgekehrt sein. Die Ursprungslegende erzählt, dass Jakobus im Januar 40 n. Chr. die Mutter Jesu auf einer Säule thronend erschienen sei und ihm aufgetragen habe, ein Gotteshaus „am äußersten Ende der Welt" errichten zu lassen, in dem diese Säule aufbewahrt werden sollte. Die Kirche existiert: Es ist die *Basílica del Pilar* im spanischen Saragossa, wo dem wundersamen Ereignis gehuldigt wird. In der Pilar-Kapelle der Kathedrale von Compostela wird ebenfalls an die Marienerscheinung des Apostels erinnert *(siehe Farbteil Seite 158 links unten)*.

Dass Jakobus jemals wirklich in Spanien missionierte, ist historisch nicht belegt. Zudem beanspruchen die Mönche der armenischen Jakobskathedrale in Jerusalem für sich, das „echte" Haupt des Apostels zu bewahren. Ein knapper Hinweis findet sich in der Apostelgeschichte 12,2. Dort heißt es, der Apostel Jakobus sei auf Befehl von König Herodes Agrippa I. um 44 n. Chr. in Palästina geköpft worden. Einer Legende zufolge überließ Kaiser Justinian die Gebeine dem Sinaikloster als Geschenk. Im Zuge der Eroberungsstürme des Islam und dem Zerfall des Römischen Imperiums hätten Mönche die Reliquien in Galicien in Sicherheit gebracht. Als Muslime auch in Spanien vorrückten, vergrub man die Reliquien an jener Stelle, an der sich heute Santiago de Compostela befindet.

Heiligenfigur des Apostels Jakobus

Die populärste Legende glaubt, dass Jakobus' Überreste schon früher nach Spanien gelangten: Demnach hätten Gefolgsleute nach dem Tod des Apostels den Leichnam in Jaffa (heute Tel Aviv) auf ein Schiff gebracht. Das Boot soll von Engeln geleitet das ganze Mittelmeer überquert haben, dann der Atlantikküste gefolgt sein, bis es in der gallisch-römischen Hafenstadt Iria Flavia ankerte. Die Landungsstelle heißt heute Padrón und

liegt 22 Kilometer südwestlich von Santiago de Compostela. Hier verehren Gläubige in der Jakobuskirche Iglesia de Santiago Apóstol einen alten Steinblock, der „Jakobusstein" genannt wird. Historiker vermuten, dass es ursprünglich ein dem Gott Neptun geweihter Altarstein war.

An diesem Relikt soll der Sage nach das Boot mit den sterblichen Überresten des Apostels festgemacht worden sein.

Im Lauf der Geschichte geriet das Geschehen in Vergessenheit, bis Anfang des 9. Jahrhunderts der Eremit Pelayo behauptete, seltsame, sternförmige Lichter (daher der Name „Compostela" – „Sternenfeld") über der Libredón-Anhöhe beobachtet zu haben. Aus der Überlieferung erfahren wir weiter, dass diese Leuchterscheinung den Einsiedler zum Platz eines befestigten Römerlagers lotste. Das ungewöhnliche Phänomen kam dem Bischof Theodomir in Iria Flavia zu Ohren, der am Ort des Geschehens eine Untersuchung anordnete. Dabei wurde eine Grabstätte mit drei Männern entdeckt, von denen einer enthauptet worden war. An gleicher Stelle fand man eine Inschrift: „Hier liegt Jakobus, Sohn des Zebedäus und der Salome." Bei den beiden anderen Leichnamen soll es sich um seine Jünger Thedonus und Athanasius gehandelt haben.

Kurz nach der wundersamen Auffindung wurde der Grundstein einer Kirche gelegt, die fortan die Reliquien des Heiligen und seiner Schüler schützte. Mit bischöflicher und päpstlicher Anerkennung entfaltete sich das Grab des Apostels Jakobus rasch zum Pilgerzentrum. Als dann um das Jahr 1075

mit dem Bau der großen Kathedrale begonnen wurde, blühte Santiago de Compostela – neben Rom und Jerusalem – zu einem der bedeutendsten Wallfahrtsorte der Christenwelt auf.

Und die Ursprungslegende? Ist sie erdichtet oder existiert ein wahrer historischer Kern? Welches Himmelsphänomen hat der Augenzeuge Pelayo beobachtet? Es bleibt ein Geheimnis, genauso wie die wahren Hintergründe zum Stern von Bethlehem. Nur das Stadtwappen mit den Symbolen eines Sarkophags und einem darüber funkelnden Stern erinnert standhaft an die seltsame Lichtvision von Compostela.

Heilige Kopfnüsse und der Botafumeiro-Effekt

Die imposante Kathedrale von Santiago de Compostela ist das Ziel jeder Pilgerreise auf dem Jakobsweg. Seitlich des Hochaltars gelangen Wallfahrer über eine Treppe zu einer Sitzstatue des heiligen Jakobus aus dem Jahr 1211. Ende des 16. Jahrhunderts wurde sie mit einem barocken Pilgergewand versehen. Entsprechend alter Tradition wird diese prunkvolle Apostelfigur gerne von Pilgern umarmt. Direkt unter dem Baldachin des Altarraums liegen in einer reich verzierten Silberurne die Reliquien des Apostels und seiner Schüler. Um die Heiligen zu ehren, führt eine weitere kleine Treppe hinab in die Krypta *(siehe Farbteil Seite 158)*.

SCHATZMUSCHEL UND PARADIESPFORTE

LINKS:
*Schatzfassade,
Riesenmuschel*

RECHTS:
*Paradiestor mit
geflügeltem Affen*

UNTEN:
Die „Ehebrecherin"

Beim Besuch der Kathedrale lohnt es sich, die Augen offen zu halten. Architektonische Seltsamkeiten lassen sich bereits bei der äußeren Fassadengestaltung entdecken, die im 16. und 17. Jahrhundert barock umgestaltet wurde. Wer die Kathedrale in südlicher Richtung umrundet, gelangt zum Kreuzganggebäude mit der Schatzfassade, der *Fachada del Tesoro*. Hier befand sich einst der Eingang zur Juwelenkammer.

Etwas versteckt in einer Ecke schmückt eine riesige „Schatzmuschel" mit dem Jakobskreuz die Außenwand. Gleich rechts davon erblicken wir die Fassade des *Pórtico de las Platerías*, die noch in romanischer Urgestalt erhalten blieb.

Früher betraten die Pilger durch diese Tür das Kirchenschiff. Sie hieß damals *Puerta del Paraíso* („Tor zum Paradies"). Die bildhauerische Anordnung umfasst kuriose Figuren. Der Betrachter wundert sich über geflügelte Affen genauso wie über eine Frau, die in ihrem Schoß einen Totenschädel trägt. Laut dem *Codex Calixtinus*, einer Handschriftensammlung aus dem 12. Jahrhundert, soll es sich um eine „Ehebrecherin" handeln. Gemäß der Sage wurde ihr Liebhaber vom Ehemann brutal geköpft. Hinterher wurde die untreue Gemahlin vom erzürnten „Göttergatten" gezwungen, den Totenschädel ihres Geliebten zwei Mal am Tag zu küssen. Das ritterliche Gegenstück dazu ist die grazile Figur des Harfe spielenden König David an einem der Strebepfeiler.

DIE WURZEL JESSE

Der *Pórtico de la Gloria*, das sogenannte „Wonneportal", ist ein Glanzstück spanischer Bildhauerei des 12. Jahrhunderts. Er verbirgt sich hinter dem barocken Westportal. Steht man am Obradorio-Platz vor der Kathedrale, führt ein doppelter Treppenaufgang direkt hinauf. Die Vorhalle mit dreiteiligen Bögen präsentiert eine einzigartige Komposition christlicher Theologie. Am Sockel der Mittelsäule ist ein anderer bärtiger Mann dargestellt. Aus ihm formt sich eine Marmorsäule mit Reliefs der Könige Salomon und David, der Jungfrau Maria und der Dreifaltigkeit heraus. Es ist die „Jakobssäule", auf der der Schutzpatron von Compostela mit offener Schriftrolle und T-förmigem Pilgerstab thront. Über dieser Jakobusskulptur öffnet sich der Himmel mit der apokalyptischen Vision der Wiederkehr Christi.

Das zentrale Bildmotiv wird als „Wurzel Jesse" gedeutet. Gemeint ist die Abstammung des Erlösers aus dem Hause Davids, dem König von Juda und Israel, wobei Jesse der Vater von König David war. Dieser wird in der christlichen Kunst des Mittelalters meist liegend oder schlafend dargestellt. Wunderlich: Der Stammbaum Jesu wird hier in Gestalt eines wirklichen Baumes ausgelegt, der aus dem Körper des Urvaters herauswächst. Der abgeschliffene Marmor und deutliche Vertiefungen an der Säulenbasis zeugen von dem jahrhundertealten Brauch, am Ende der Wallfahrt die „Wurzel Jesse" zu berühren.

Als Schöpfer des einzigartigen Hauptportales gilt ein „Meister Mateo". Trotz Signatur weiß man so gut wie nichts über den Genius. Woher kam er? Wo hat er gelernt? Wer hat ihn inspiriert? Historiker zerbrechen sich darüber seit Langem den Kopf. Das passt zur Rückseite des Zwischenpfeilers. Dort befindet sich die Skulptur des betenden „Santo dos Croques". Es soll ein Selbstbildnis des Baumeisters Mateo sein, der hier als Heiliger der „Kopfnusse" oder „Beulen" verehrt wird. Dazu weiß der Volksglaube mehr: Wer sein Oberstübchen dreimal gegen den Kopf der Steinfigur stößt, empfängt angeblich etwas vom Geistesblitz des klugen Mateo. Wahrscheinlicher als die erhoffte Intelligenzsteigerung sind Kopfschmerzen. Das mag der Grund dafür sein, weshalb das Ritual heute nicht mehr gestattet ist.

OBEN: *Die Jakobssäule*

UNTEN:
Die Wurzel Jesse

DER LACHENDE PROPHET

Noch ein Detail, das Pilger leicht übersehen: Eine seitliche Säule der *Pórtico de la Gloria* stellt die Propheten Jeremias, Daniel, Jesaja und Moses dar.

Daniel schmunzelt. Es wird behauptet, sein Lächeln sei das erste der gesamten romanischen Kunst gewesen. Aber warum? Der Volksmund sagt, der Prophet freue sich über die Statue einer barbusigen Maid gegenüber. Das soll der geistigen Obrigkeit missfallen haben, weshalb sie deren Brüste abschleifen ließ. Überprüfen konnte ich diese Anekdote nicht. Just bei meinem Besuch der Kathedrale war die in Ungnade gefallene Augenweide wegen Renovierungsarbeiten mit Plastikfolie verdeckt.

OBEN:
„Beulenheiliger"

RECHTS:
Daniel schmunzelt ...

UNTEN:
Der Flaschenzug für den „Botafumeiro"

WENN GLÄUBIGE IN DECKUNG GEHEN

Wer nach Santiago de Compostela pilgert, darf eine Zeremonie nicht versäumen: das Schwenken des *Botafumeiro*. Es ist ein atemberaubendes Schauspiel, bei dem ein 1,60 Meter großes und 54 Kilogramm schweres Weihrauchfass aus versilbertem Messing nur knapp über den Köpfen der Gläubigen durch die Querschiffe saust. Das Ritual ist seit dem 14. Jahrhundert an wichtigen Festtagen belegt. Dabei wird der Riesenkessel an einem

langen Seil unter dem Schlussstein der Kuppel befestigt und mit einem Flaschenzug von acht Männern in Bewegung gesetzt. In den vergangenen Jahrhunderten geschah dies nicht immer unfallfrei. Die Verbreitung des Weihrauches hatte in früheren Zeiten nicht nur religiöse, sondern ganz profane Gründe: Jakobspilger, die nach monatelangem Fußmarsch im Gotteshaus einen recht strengen Geruch verbreiteten, wurden dank des „Botafumeiro-Effekts" für empfindliche Nasen „neutralisiert" *(siehe Farbteil Seite 159).*

Einzigartige Kunstschätze im Klosterhotel

Für mich und Elvira war Santiago de Compostela der würdige Schlusspunkt einer abenteuerlichen Reise, die uns kreuz und quer durch Nordspanien und Portugal führte. Wir hatten uns nur 200 Meter von der Kathedrale entfernt im Convento de San Francisco einquartiert. Teile des ehrwürdigen Franziskanerklosters werden nämlich als Hotel genutzt. Die Anfänge des Ordenshauses gehen auf das Jahr 1213 zurück, als der heilige Franz von Assisi (1182–1226) auf einer Pilgerreise nach Santiago eine göttliche Offenbarung empfing.

Das gemütliche „Klosterhotel" beherbergt einige Besonderheiten: den Sitz der Verwaltung der Franziskaner für die Provinz Santiago, das Studien-

Das Tor zum Klosterhotel

zentrum für Philosophie und Theologie, ein Kulturzentrum und eine Obdachlosenherberge sowie eine bedeutende Bibliothek mit 80 000 Werken, die bis ins frühe Mittelalter zurückreichen. Auch eine alte Wäscherei gibt es, die zu einem Schwimmbad umfunktioniert wurde. Es steht Gästen für beschwingte Wasserfreuden zur Verfügung, sofern man sich auf dem Weg dorthin nicht im großen Gebäudekomplex verirrt. Elvira und mir ist es so ergangen. Statt im Schwimmbad landeten wir im ehemaligen Kreuzgang des Konvents, schauten durch eine Glastür und staunten über Vitrinen mit kostbaren Exponaten. Wir waren im wenig bekannten „Museo de Terra Santa" gelandet – im „Museum des Heiligen Landes". Seit 1993 können hier seltene Kunstschätze bestaunt werden.

Eine Rückschau zu dem Abend, als Elvira und ich das Museum „entdecken": Ein Mann im Ausstellungsbereich wird auf uns aufmerksam. Wir deuten fragend, ob noch geöffnet sei und man eintreten dürfe. Der sympathische „Wächter" nickt freundlich und fordert uns auf, einzutre-

Museumsschätze

ten. Wir sind die einzigen Besucher. Dann die nächste Überraschung: Der Hüter des Museums spricht fließend Deutsch, was die weitere Unterhaltung enorm erleichtert. Sein Name ist Rori Suárez Barreto. Er ist Jude, hat in Deutschland studiert, lebt in Spanien und hat eine tiefe Verbundenheit zu seinen hebräischen Wurzeln. Man spürt, die lange und bewegte Geschichte des Heiligen Landes und des Nahen Ostens liegen ihm am Herzen. Er freut sich sichtlich über unser Interesse. Stundenlang nimmt er sich Zeit, um uns die wertvollen Bestände seines Museums zu zeigen und zu erklären. Und zu entdecken gibt es hier wahrlich erstaunliche Dinge!

Wir erblicken fortschrittliche Steinwerkzeuge des *Homo erectus*, die vor 800 000 Jahren im heutigen Israel hergestellt wurden, wir stehen vor einer Vitrine mit den ältesten Gebrauchsgegenständen, die vom modernen *Homo sapiens* geschaffen wurden, und wundern uns über Keramikobjekte in grotesker Götter- und Tiergestalt. Ein Schwerpunkt der Ausstellung sind Originalfunde aus der Zeit Jesu. Dazu zählen der Rest einer Pipeline des Aquädukts von Pontius Pilatus, Grabbeigaben in Form von kleinen Glasfläschchen, die trauernde Frauen mit ihren Tränen füllten, oder Öllämpchen mit dem Porträt eines bärtigen Mannes mit haarigem Strahlenkranz, den man als „Heiligenschein" deuten könnte.

Ein besonderer Schatz für Literatur- und Sprachwissenschaftler ist das Beispiel einer Tora, einem Koran und der Bibel, die ins Arabische übersetzt wurden. Nicht weniger erstaunlich: kostbare Pilgergeschenke aus Silber, Perlmutt, Elfenbein und Olivenholz sowie verblüffende Miniaturmodelle der Altstadt Jerusalems, des Tempelbergs und der Basilika des Heiligen Grabes. Mönche haben die Kunstwerke detailverliebt in jahrelanger Arbeit rekonstruiert. Auch das verkleinerte Modell der legendären Bundeslade ist zu sehen. Der altjüdischen Mythologie zufolge enthielt sie die Steintafeln mit den Zehn Geboten, die Moses von Gott erhielt. Ob das stimmt und wo sich die Heilige Lade heute befindet, ist Gegenstand vieler Spekulationen.

ÜBERRASCHENDE BEICHTE

Der Autor mit dem „Jesusstern"

Ich frage Rori Suárez Barreto, ob das Fotografieren gestattet sei. Der Museumskurator hat nichts dagegen und so knipse ich fleißig, was ich vor die Linse bekomme. Ich erfahre dabei, dass die meisten ausgestellten Exponate direkt aus dem Heiligen Land stammen. Der Franziskanerorden hat sie aus den biblischen Stätten zusammengetragen und im Zuge von Pilgerreisen gelangten sie schließlich nach Santiago de Compostela.

Als wir weiter durch die Gänge streifen, bleibe ich vor einem Sockel stehen, auf dem Marmorplatten mit einer Vertiefung und einer metallischen Sternverkleidung zu sehen sind – der „Geburtsstern" von Bethlehem. Die Steinfragmente liegen frei, es gibt keine schützende Vitrine. Weder im Katalog noch beim Ausstellungsstück selbst sind erklärende Worte angebracht. Ich frage überrascht. „Das kann aber nicht das Original sein?!" Unser Guide lächelt verschmitzt: „Doch, doch, es ist das Original!" Ich kann es nicht glauben, hake nochmals nach, aber Suárez wiederholt das bereits Gesagte.

Wir unterhalten uns noch eine Weile. Es ist spät geworden. Die Verabschiedung ist innig und dann passiert mir ein unverzeihlicher Lapsus. Ich bedanke mich bei Rori Suárez Barreto für die kostbare Zeit, die er uns gewidmet hat, für seine kompetente Erläuterung aller Exponate sowie für das Glück, dass wir mit ihm einen „deutschen Führer" hatten. Der jüdische Historiker zieht eine Augenbraue hoch und Elvira stellt sofort richtig: „Mein Freund meinte ‚deutschsprachigen Führer'!" Rori Suárez Barreto schmunzelt und wir verabschieden uns herzlich.

Archäologiekrimi: ein Stern zu viel!

Wieder daheim in Wien will ich die Fotodokumente, die Erlebnisse und die Episoden zum Jakobsweg aufarbeiten. Vergeblich. Wie so oft sind andere Termine und Projekte dringlicher. Die Enthüllung mit dem „Geburtsstern" landet in der Schublade, wo sich seit einigen Jahren ähnlich brisante „Mysteryfälle" zur Bearbeitung angehäuft haben. Die Angelegenheit ist schon fast vergessen, als ich alte Reiseerinnerungen für einen Artikel aufarbeite und wieder über den „Geburtsstern" stolpere. Als ich mir Notizen mache, entschließe ich mich nochmals an Rori Suárez Barreto zu schreiben, ihm ein paar aktuelle Fragen zu stellen, zu seinem beruflichen Werdegang, zu den einzigartigen Museumsstücken und zu den Hintergründen um den „Geburtsstern" – mit der Bitte um baldige, kurze Antwort. Die elektronische Post lässt ein paar Tage auf sich warten. Dann erreicht mich spätabends eine seltsame Nachricht aus Spanien, in der Rori Suárez Barreto kurz und bündig mitteilt: „Ich bedaure sehr, es ist aber unmöglich für mich, Ihre Nachfrage zu erfüllen." Merkwürdig, oder?
Sprachbarrieren oder fehlendes Wissen, das zu Missverständnissen führen könnte, sind auszuschließen, Rori Suárez Barreto spricht perfekt Deutsch und kennt die Geschichte jedes seiner Ausstellungsstücke. Zu schwierig kann meine Nachfrage also nicht gewesen sein. Die Frage, ob der „Jesus-Geburtsstern" ein Originalstück sei, ließe sich mit einem kurzen Ja oder Nein beantworten. Zeitliche Gründe, die keine Antwort erlauben, sind ebenso unwahrscheinlich. Suárez hätte das in seiner E-Mail sicherlich angeführt. Stattdessen betont er sein großes Bedauern über die „Unmöglichkeit", meiner Bitte nachzukommen.
Denkt man darüber nach, steht ein Verdacht im Raum: Im „Museo de Terra Santa" in Santiago de Compostela liegen tatsächlich die originalen Fundamente der Geburtsstätte Jesu! Vielleicht irgendein Teilstück davon? Nein,

das Exponat in Spanien zeigt genauso eine kreisförmige Öffnung wie das Gegenstück in Palästina. Es markiert der Überlieferung nach genau die Stelle der Geburt Christi. Doch die Logik besagt, dass nur eines der beiden das Original sein kann. Es fällt auf, dass beim spanischen Stück in der sternförmigen Vertiefung ein goldglänzender „Stern" eingelegt ist, der sich vom silbernen „Stern" an der Geburtsstätte nicht nur durch das Metall unterscheidet. Der „goldene" Stern im Museum wurde offenbar erst später als Dekor ergänzt. Er ist zu klein für die sternförmige Fassung im Stein, was nicht bedeutet, dass auch das Mosaik darunter ebenso eine Nachbildung sein muss. Wenn es stimmt, dass die originalen Mosaikplatten in Santiago de Compostela liegen, dies aber offiziell von den zuständigen Kirchenfürs-

ten verschwiegen wird, stellt sich neuerlich die Frage nach dem Warum. Hat uns der Museumsmanager womöglich „am Schmäh gehalten", wie man in Wien sagt? Skeptiker werden das einwerfen. Doch für uns waren seine Ausführungen überzeugend. Trotz unseres Unglaubens und gezielter Nachfragen blieb Suárez damals bei seiner Behauptung *(siehe Farbteil Seite 160)*.

Wenn die Sache stimmt, könnte sie einen explosiven Hintergrund besitzen, dann nämlich, wenn das Fundamentstück stillschweigend, also womöglich ohne Wissen der anderen Konfessionen innerhalb der Geburtsstätten-Hüter, durch eine Kopie ersetzt worden ist. Wohlgemerkt, nicht in sündiger Absicht, sondern aus begründeter Furcht, die heilige Stätte könnte bei kriegerischen Konflikten geplündert oder gar zerstört werden. Der römisch-katholische Orden ist in Bethlehem schon seit 1347 ansässig und besitzt direkt neben der Geburtsbasilika einen eigenen Konvent und eine Kirche, die der heiligen Katharina von Alexandrien geweiht ist. Das Gotteshaus wurde 1882 auf den Ruinen einer Kreuzfahrerkirche und eines Augustinerklosters errichtet. Das Außergewöhnliche: Von dieser Kirche führt im Südwestteil ein schmaler Treppengang in die Grotte des heiligen Hieronymus und weiter hinunter direkt in die Geburtsgrotte. Der Zugang zur gewährenden Pforte ist meist verschlossen. Schlüsselherren sind die Franziskaner.
Im Laufe der Jahrzehnte gab es zudem immer wieder Renovierungsarbeiten im Bereich der Geburtsgrotte. Die Franziskanergemeinde hätte seit Ende des 19. Jahrhunderts also durchaus Gelegenheit gehabt, das Fundament auszutauschen. Das wäre nicht bemerkt worden. Geschah dies womöglich 1934, als große Teile des Originalmosaikbodens freigelegt wurden, den man heute durch mehrere Öffnungen der jetzigen Kirche besichtigen kann? Das wäre – bei Gott – eine schöne Bescherung!

Schlusswort mit einem „Vergelt's Gott!"

„Ultreia!"

Ein alter Pilgergruß, der „Vorwärts, geh über dich hinaus!" bedeutet

Unsere Entdeckungsreise zu wundersamen Orten ist nun zu Ende. Bis auf Weiteres. Jede Leserin, jeder Leser ist herzlich dazu eingeladen, selbst den Pilgerstab in die Hand zu nehmen. Wer die überirdische Spurensuche fortsetzen möchte, dem bieten sich – oft direkt vor unserer Haustüre – unerschöpfliche Möglichkeiten. Ein dichtes Netz an Wanderwegen führt über Naturwunder zu berühmten und weniger bekannten Wallfahrtsstätten. Über die Routen gelangen wir zu vorchristlichen Sakralstätten, wo die Verbindung zum „Heidentum" oft unübersehbar ist. Wir stolpern über merkwürdige Steindenkmäler, tanken spirituelle Kraft an mystischen Plätzen, besuchen geheimnisvolle Gotteshäuser, entdecken religiöse Kunstschätze und staunen über sonderbare Reliquien.

Die Gründungslegenden beinahe aller Kirchenbauten (das gilt ebenso für Heiligtümer und Tempelanlagen außerhalb der Christenwelt) berufen sich auf unerklärliche Vorkommnisse und fantastische Legenden: göttliche Anweisungen, an einem vorbestimmten Platz Gedenkstätten zu errichten, spontane Heilungen und wundertätiges Wirken heiliger Männer und Frauen, übersinnliche Erscheinungen und Muttergottes-Visionen, kryptische Botschaften und Prophetien oder mysteriöse Relikte, denen das „Wundersame" anhaftet. Und wir machen uns Gedanken darüber, wer oder was diese Phänomene verursacht. Sind es Zeugnisse der Allmacht Gottes? Beweise für eine überirdische Macht, die größer ist als wir selbst? Wirken an heiligen Orten energetische Kräfte, die wir noch nicht verstehen? Oder sind die „Wunderdinge" lediglich als religiöse Wahnvorstellungen zu deuten, entsprungen der eigenen gutgläubigen Wunsch- und Gedankenkraft? Könnten unfassbare Erscheinungen ebenso gut als Kontaktversuche aus einer höheren Dimension verstanden werden? Sind es vielleicht Manifestationen, die aus einer Parallelwelt oder der Zukunft stammen? Oder getarnte „Wunder", die von über- oder außerirdischen Intelligenzen initiiert worden sind?

Spekulative Fragen, die wir gerne beantwortet haben möchten. Doch so leicht ist das nicht. Wir wissen noch immer zu wenig über die verborgenen Kräfte des menschlichen Geistes und die Schöpfung des Universums. Gleiches gilt für das Leben und den Tod. Solange wir aber nicht mehr wissen und gesicherte Erkenntnisse fehlen, wird das Wort „Wunder" für viele ungelöste Rätsel Geltung behalten müssen …

Dazu als Ausklang eine kurze Anekdote aus dem reichen Sagenschatz

Oberösterreichs. In einer Erzählung heißt es, dass in einer finsteren Nacht ein junger Mann heimwärts wanderte und sich dabei im Wald verirrte. Er kniete bei einem Baum nieder und sprach ein Gebet für die armen Seelen, an die niemand mehr dachte. Da erblickte er überrascht ein helles Licht. Es wies ihm den Weg aus dem dunklen Dickicht. Kaum war der Bursche in Sicherheit, sprach er: „I dank dir schön, Lichtl!" Da hörte er eine menschliche Stimme sagen „Vergelt's Gott dafür, dass du mich erlöst hast!" Und im nächsten Augenblick fuhr ein heller Lichtstrahl zum Himmel empor. Es war, so weiß es die alte Sage, eine arme Seele, für die der Bursche gebetet hatte. Das ist auch für mich der richtige Zeitpunkt, um ein herzliches „Vergelt's Gott!" zu sagen, allen Freunden, Weggefährten und hilfsbereiten Menschen, die mir beim Gelingen dieses Buches geholfen haben.

Allen voran ein ewiges Merci an die gute Seele an meiner Seite – Elvira Schwarz aus Basel. Uns trennen geografisch 900 Kilometer, doch die Liebe überwindet jede Distanz. Seit einem Jahrzehnt wandern wir zu den Schauplätzen des Überirdischen. Viele Buchrecherchen haben wir gemeinsam unternommen und dabei oft schier Unglaubliches erleben dürfen. Elvira organisierte die wichtigsten Reiserouten, übernahm die E-Mail-Post, übersetzte Texte und lieferte als „Testleserin" des Rohmanuskripts – wie schon bei vorangegangenen Titeln – wertvolle Anregungen für die weitere Abfassung.

Viele Forscher, Historiker, Geistliche, Künstler, Mitreisende, wohlwollende Kritiker und ortskundige Fachleute haben mich in selbstloser Weise durch Interviewbeiträge sowie Text- und Bildmaterial oder sonstige Mitarbeit unterstützt. Um niemand zu bevorzugen beziehungsweise zu benachteiligen, nenne ich nachfolgend ihre Namen in alphabetischer Reihenfolge. Ihre Namensnennung besagt jedoch nicht, dass sie meine in diesem Buch vorgebrachten Thesen teilen. Sollte ich jemand vergessen haben, bitte ich um Vergebung:

A.A.S. – *Forschungsgesellschaft für Archäologie, Astronautik und SETI*; Pater Paulus Baumann (1935–2006), Pfarramt Gratwein-Judendorf/Straßengel, Steiermark; Ing. Josef F. Blumrich (1913–2002); Martin Bodenstein, *Artibus – Verein zur Erforschung und Dokumentation von Kunst und Kultur*, Klosterneuburg bei Wien; Luc Bürgin, Herausgeber des Magazins *Mysteries*, Basel, Schweiz; Erich von Däniken; Franz Elsensohn; Gisela Ermel, Redaktion *Sagenhafte Zeiten*, Beatenberg, Schweiz; Ariana Fiala und Walter Ernsting (1920–2005); Dekan Mag. Martin Ferner, Pfarramt St. Michael in Absam, Tirol; Claudia und StD. Peter Fiebag; Dr. Johannes Fiebag (1956–1999); Prof. Dietmar Grieser; Ingrid und StR. Willi Grömling (1944–2015); Pfarrer i. R. Cons. August Hinteregger, Pfarramt Maria Bildstein, Vorarlberg; Mag. Gerhard Holischka; Obm. Hermann Kastner, Gemeinde Stans, Tirol; Roland Kernstock; Pfarrarchivar Josef Kessler (1930–2016), Rankweil, Vorarlberg; Andreas „Desmond" Kirchner; Ute Kopp und Cornelia Spangler, Reiseveranstalter *Kopp & Spangler*, Rottenburg, Deutschland; Peter Krassa (1938–2005); Ingrid und Dr. Heinrich Kusch; Walter-Jörg Langbein; Billy

Lesina und Mag. Daniela Kornek, Redaktion Onlinemagazin *Mystikum.at*; Ladislaus und Mag. Gabriele Lukacs, *mysterytours.at;* Fritzi und Karl Lukan (1923–2014); Fotografenmeister Bernhard Moestl; Notburga-Museum in Eben, Tirol; Dr. Ahmed M. Osman, Kairo; Prof. Angelo Pitoni (1924–2009); Johann Pröll, Mario Rank, Online-Redaktion *Kollektiv.org*; Gerhard J. Rekel; Dietmar Rücker; Prof. Dr. Ing. Harry O. Ruppe (1929–2016); Mag. Michael Satzinger und Mag. Johannes „Jörg" Steger, *Magic Movie Film- und Video-produktion* Graz; Dr. MSC Arbeo-Wolfram Scherer-Ottenfels; Vizebürger-meister i. P. Peter Steindl, Absam, Tirol; Oliver Stummer; Dir. Rori Suárez Barreto, *Museo de Terra Santa,* Santiago de Compostela, Spanien; Ramon Zürcher, Sekretariat Erich von Däniken, Beatenberg, Schweiz.

Zu guter Letzt ein herzliches Dankeschön dem Verlagshaus Styria für die gute Zusammenarbeit, die geduldige Betreuung und das Interesse an meinen ungelösten Rätseln der Menschheitsgeschichte. Stellvertretend für alle emsigen Verlagsmitarbeiter danke ich namentlich meiner bewährten Lektorin Mag. Elisabeth Wagner, Programmleiter Dr. Johannes Sachslehner und dem verlegerischen Geschäftsführer Mag. Matthias Opis. Ein Dank gebührt auch „Gott Zufall". Er ist immer dabei, wenn ich unterwegs bin. Ich freue mich auf neue Vorstöße ins Unbekannte – leibhaftig und literarisch …

R. H.

ABSCHLIESSEND EINE BITTE
AN MEINE LESERINNEN UND LESER

Sind Sie selbst ein „Grenzgänger des Fantastischen", haben Sie Dinge erlebt und gesehen, die Sie zuvor für denkunmöglich gehalten haben? Oder wissen Sie von einer „unmöglichen" beziehungsweise „kuriosen" Entdeckung, die Rätsel aufgibt? Vielleicht sind Sie sogar selbst im Besitz eines wunderlichen Gegenstandes ungeklärter Herkunft und Bedeutung? Dann würde ich mich freuen, wenn Sie mir schreiben. Alle Angaben werden vertraulich behandelt. Sie erreichen mich unter: info@reinhardhabeck.at

ANHANG

QUELLEN UND LITERATUR

MARIENWUNDER IN ÄGYPTEN

Bücher und Zeitschriften
Bishop Grigorius: „St. Mary's Transfiguration", in: The Coptic Orthodox Church of Zeitun, Kairo 1968, S. 16–18
Däniken, Erich von: Erscheinungen, Düsseldorf – Wien 1974
Die Kirche der Jungfrau Maria in Seitun (Hrsg.): La Iglesia de Nuestra Senora la Virgen de Zeitoun, deutsche Ausgabe, Kairo 2006
Ermel, Gisela: Marienerscheinungen in Ägypten, in: *Sagenhafte Zeiten* Nr. 3, Beatenberg 2002
Ernst, Robert: Lexikon der Marienerscheinungen, Altötting 1989
Fiebag, Johannes/Fiebag, Peter: Zeichen am Himmel, Frankfurt a. M. – Berlin 1995
Fiebag, Johannes: Die geheime Botschaft von Fatima, Tübingen 1986
Fiebag, Peter: Geheimnisse der Naturvölker, München 1999
Habachi, Labib: Die unsterblichen Obelisken Ägyptens, Mainz 2000
Habeck, Reinhard: UFO – Das Jahrhundertphänomen, Prominente und Experten zur UFO-Frage, Wien 1997
Helck, Wolfgang/Otto, Eberhard: Kleines Wörterbuch der Aegyptologie, Wiesbaden 1970
Hesemann, Michael: Jesus in Ägypten, München 2012
Hierzenberger, Gottfried/Nedomansky, Otto: Erscheinungen und Botschaften der Gottesmutter Maria, Augsburg 1993
Hoffmann, Lars (Hrsg.): Herodot – Neun Bücher zur Geschichte, Wiesbaden 2007
Ions, Veronica: Ägyptische Mythologie, Klagenfurt 1988
Jackson, John P.: Is the Image of the Shroud due to a process heretofore unknown to modern science? in: *Shroud Spectrum International*, Nashville 1990
Lurker, Manfred: Lexikon der Götter und Symbole der alten Ägypter, München – Wien 1998
Meyer, Marianne Doris: Richtig reisen – Ägypten, Köln 1992
Müller, Hanspeter (Hrsg. u. Übersetzer)/Fuchs, Harald (Bearbeitung): Augustinus – Selbstgespräche, Sammlung Tusculum, Zürich 1954
Posener, Georges: Knaurs Lexikon der ägyptischen Kultur, München – Zürich 1960
Zaki, Pearl: Our Lord's Mother visits Egypt in 1968 and 1969, Kairo 1977

Mündliche Quellen
Dr. Johannes Fiebag: Persönliche Mitteilungen an den Verfasser, Wien 1997
Dr. Ahmed Osman: Persönliche Mitteilungen an den Verfasser, Kairo, 20. 10. 2015

Internetquellen
http://grenzwissenschaft-aktuell.blogspot.co.at/2009/12/allnachtliche-marien-licht-erscheinung.html
http://www.kathtube.com/player.php?id=13628
http://www.kbwn.de/html/zeitun-_kairo.html
http://www.nytimes.com/1986/04/26/world/coptic-dusk-in-cairo-the-faithful-and-the-wary.html
http://www.zeitun-eg.org/
https://en.wikipedia.org/wiki/Our_Lady_of_Warraq
https://www.youtube.com/watch?v=xMSIOWYEArU

Kontakt & Besichtigung
http://www.stmaryztn.org/saintmary/en/
https://de.wikivoyage.org/wiki/Kairo/Maṭarīya
https://www.360cities.net/it/image/monastery-of-st-mary-deir-dronka-egypt

STEINE DER HEILIGEN UND GÖTZEN

Bücher und Zeitschriften
Burckhardt, Johann Ludwig: Reisen in Arabien, Weimar 1980
Elsensohn, Franz: Seltsames und Sagenhaftes aus Vorarlberg, 3 Bände, Hohenems 2001
Elsensohn, Franz: Was man sich früher erzählte, Rankweil 2001
Ermel, Gisela: Der Schwarze Stein von Mekka, in: Steinspuren (Hrsg.: Daniela Mattes), Groß-Gerau 2012
Faroqhi, Suraiya: Herrscher über Mekka, München 1990
Fichtinger, Christian: Lexikon der Heiligen und Päpste, Salzburg 1983
Fiebag, Peter/Gruber, Elmar/Holbe, Rainer; Mystica – Die großen Rätsel der Menschheit, Augsburg 2005
Gall, Cécile/Martin, Roger: Le Puy-en-Velay, Vic-en-Bigorre 2010
Graveline, Noël: Die romanischen Schätze in der Auvergne, Beaumont 2008
Gugitz, Gustav: Österreichs Gnadenstätten in Kult und Brauch, 5 Bände, Wien 1955–1958
Habeck, Reinhard: Dinge, die es nicht geben dürfte, Wien 2008
Haiding, Kurt: Österreichischer Sagenschatz, Wien – München 1977
Hoffmann, Emil: Lexikon der Steinzeit, München 1999
Kusch, Heinrich/Kusch, Ingrid: Versiegelte Unterwelt, Graz 2014
Lissner, Ivar/Rauchwetter, Gerhard: Glaube – Mythos – Religion, Olten 1982
Lukan, Karl/Lukan, Fritzi: Geheimnisvolles rund um Wien, Wien 2004
Mayer, Joachim/Tschallener, Gabriele: Wallfahrt nach Rankweil, Rankweil 1994
Mehling, Franz N. (Hrsg.): Knaurs Kulturführer in Farbe – Österreich, München 1993
Mirksy, Jeannette: Gott hat viele Wohnungen, Düsseldorf – Wien 1966
Partsch, Paul: Über den schwarzen Stein in der Kaaba zu Mekka, in: *Sitzungsberichte der Akademie der Wissenschaften*, Vol. 22, Wien 1856
Pitoni, Angelo: Il Mistero della Vita, Rom, o. J.
Pomarat, Michel: Le Puy's black Virgin, Le Puy-en-Velay, o. J.
Schweizer, Gerhard: Pilgerorte der Weltreligionen, Ostfildern 2011
Ullmann, Ludwig (Übersetzer)/Winter, Leo (Erläuterung): Der Koran – Die Heilige Schrift des Islam, München 1959
Wellhausen, Julius: Reste arabischen Heidentums, Berlin 1897 (Nachdruck 1961)
Westwood, Jennifer: Sagen, Mythen, Menschheitsrätsel, München 1987

Mündliche Quellen
Martin Bodenstein: Persönliche Mitteilungen, Klosterneuburg, 24. 6. 2016
Dr. Franz Elsensohn: Persönliche Mitteilungen, Götzis, Juni 2006
Mag. Gerhard Holischka: Persönliche Mitteilungen, Wien und Klosterneuburg 24. 6., 27. 6. und 9. 7. 2016
Arbeo-Wolfram Scherer-Ottenfels: Persönliche Mitteilungen, Klosterneuburg, 24. 6. 2016
Oliver Stummer: Persönliche Mitteilungen, Wien und Klosterneuburg 24. 6. und 1. 7. 2016

Internetquellen
http://www.eslam.de/begriffe/k/kaaba.htm
http://www.kultur-klosterneuburg.at/index.html
https://de.wikipedia.org/wiki/Steinkult

https://www.heiligenlexikon.de/BiographienF/Fridolin_von_Saeckingen.htm
www.sagen.at

Kontakt & Besichtigung:
http://arbogast.at/fileadmin/Dateiliste/freiraeume_bewegung/Spazierwege_rund_
    um_St._Arbogast.pdf
http://artibus.at/
http://www.basilika-rankweil.at/
http://www.cathedraledupuy.org/

DIE MACHT DER SCHWARZEN MADONNA

Bücher und Zeitschriften
Becker, Peter: Altötting – Die Heilige Kapelle mit Schatzkammer, Altötting 2009
Boix, Maur M.: Was ist Montserrat? Montserrat 2008
Bouchal, Robert/Lukacs, Gabriele: Geheimnisvoller Da Vinci Code in Wien, Wien
    2009
Charpentier, Louis: Die Geheimnisse der Kathedrale von Chartres, Köln 1972
Clébert, Jean-Paul: Das Volk der Zigeuner, Frankfurt a. M. 1967
Debaisieux, Francis: Die romanischen Schätze in der Auvergne, Beaumont 2008
Dickinson, John C.: The Shrine of Our Lady of Walsingham, Cambridge 2011
Edschmied, Kasimir: Italien, Frankfurt a. M. 1957
Engler, Günter: Rom – Mittelitalien – Sardinien, Bern 1980
Roli, Renato: Die Santa Casa von Loreto, Bologna 1966
Golowin, Sergius: Der ewige Zigeuner im Abendland, München 1980
Hennig, Christoph: Mittelitalien, Ostfildern 2005
Kapuzinerinnenkloster St. Maria Loreto (Hrsg.): Das gnadenreiche Loretokindlein
    von Salzburg, Salzburg 1993
Kloster Einsiedeln (Hrsg.): Die Schwarze Muttergottes von Einsiedeln, Kirchen-
    führer, Einsiedeln 2010
Krassa, Peter/Habeck, Reinhard: Die Palmblattbibliothek und andere geheimnis-
    volle Schauplätze dieser Welt, München 1993
Kriss-Rettenbeck, Lenz/Möhler, Gerda (Hrsg.): Wallfahrt kennt keine Grenzen,
    München – Zürich 1984
Langbein, Walter-Jörg: Das verlorene Symbol und die Heiligen Frauen, Groß-
    Gerau 2013
Langbein, Walter-Jörg: Maria Magdalena – Die Wahrheit über die Geliebte Jesu,
    Berlin 2006
Läpple, Alfred: Reliquien, Augsburg 1990
Lukan, Karl: Burgenlandbuch, Wien 1998
Luther, Martin (Übersetzer): Die Bibel, Stuttgart 1984
Matzerath, Simon: Feuerbock und Mondidol in der späten Urnenfelderzeit –
    Zur kulturgeschichtlichen Bedeutung eines Symbolträgers und seinen frühesten
    Belegen in der Beigabensitte, in: Karl Schmotz (Hrsg.): Vorträge des 29. Nieder-
    bayerischen Archäologentages, Deggendorf 2011
Molas i Rifà, Jordi: Montserrat – Offizieller Führer, Barcelona 1998
Petzold, Leander (Hrsg.): Sagen aus Salzburg, München 1993
Pötzl, Walter: Loreto, Augsburg 2000
Ralls, Karen: Maria Magdalena – Ihre Geheimnisse und ihre Geschichte, Köln 2008
Risse, Stefanie: Magisch Reisen – Italien, München 1994
Romankiewicz, Brigitte: Die schwarze Madonna – Hintergründe einer Symbol-
    gestalt, Düsseldorf 2004
Santarelli, Giuseppe: Loreto – Geschichte und Kunst, Ancona 1998
Steinegger, Hans: Einsiedler PilgerSagen, Schwyz 2010
Wetzl, Leopold Johann: Die St. Josefskirche auf dem Kahlenberge, Wien 1928
Zehetner, Franz: Ruprechtskirche Wien, Kirchenführer, Salzburg 2009

Internetquellen

http://lucania1.altervista.org/artistilucani/aics/graffiti/sicignano.htm
http://www.bibel-online.net/
http://www.drevermann.de/cms/loreto-haus-der-muttergottes.html
http://www.kirche-in-not.de/kirchengeschichte/2013/05-17-trsat-der-aelteste-marienwallfahrtsort-kroatiens
http://www.tuerkengedaechtnis.oeaw.ac.at/ort/kahlenberg-schwarze-madonna-von-tschenstochau/
https://en.wikipedia.org/wiki/Walsingham
https://www.heiligenlexikon.de/Literatur/Loreto_Marienlexikon.html

Kontakt & Besichtigung

http://augustinerkirche.augustiner.at/augustinerkirche/rundgang-durch-die-kirche/
http://www.altoetting.de/cms/willkommen_tour.phtml
http://www.barcelona.de/de/barcelona-montserrat-katalonien.html
http://www.martinus.at/loretto/index.htm
http://www.ruprechtskirche.at/
http://www.saintesmaries.com/de/
http://www.salzburg.com/wiki/index.php/Kirche_St._Maria_Loreto
http://www.walsinghamvillage.org/
http://www.wikiwand.com/it/Basilica_della_Santa_Casa
https://de.wikipedia.org/wiki/Verkündigungsbasilika
https://kahlenberg-kirche.pl/de/startseite/

PFORTE INS HÖLLENREICH

Bücher und Zeitschriften

Alighieri, Dante: Die göttliche Komödie, Klagenfurt 1970
Bagnoli, Pierluigi Sanfelice di: San Gennaro, Neapel 2007
Barrella, Giovanni: Il Santuario di S. Gennaro alla Solfatara. Il restauro dei dipinti, Neapel 2010
Bellinger, Gerhard J.: Lexikon der Mythologie, Augsburg 1996
Brown, Dan: Inferno, Köln 2013
Carpiceci, Alberto C.: Pompeji heute und vor 2000 Jahren, Florenz 1991
Converso, Claudia: Die Phlegräischen Felder, Mailand o. J.
Corti, Egon Caesar Conte: Untergang und Auferstehung von Pompeji und Herculaneum, München 1940
Dickmann, Jens Arne: Pompeji – Archäologie und Geschichte, München 2010
Fondazione Gestioni museali Napoli (Hrsg.): Die Königliche Schatzkapelle des Heiligen Januarius, Neapel o. J.
Goethe, Johann Wolfgang von: Tagebuch der italienischen Reise 1786, Frankfurt a. M. – Leipzig 1976
Grant, Michael/Hazel, John: Lexikon der antiken Mythen und Gestalten, München 1973
Guzzo, Pier Giovanni/D'Ambrosio, Antonio: Pompeji – Führer durch die Ausgrabungen, Neapel 2010
Heuer, Hanns Manfred: Wirkliche Wunder: Die dreimalige Wandlung des Blutes vom Hl. Januarius, in: *Esotera* Nr. 1, Freiburg i. Br. 1975
Höcker, Christoph: Golf von Neapel und Kampanien – dreitausend Jahre Kunst und Kultur im Herzen Süditaliens, Ostfildern 2011
Keller, Hiltgard L.: Reclams Lexikon der Heiligen und der biblischen Gestalten, Ditzingen 1984
Kraus, Theodor: Lebendiges Pompeji, Köln 1973
Leonhard, Kurt: Dante Alighieri, Reinbek bei Hamburg 1991
Lurker, Manfred: Wörterbuch der Symbolik, Stuttgart 1991

Minois, Georges: Die Hölle – Kleine Kulturgeschichte der Unterwelt, Freiburg i. Br. 2000

Povoledo, Elisabetta: Das wahre Leben der Pompeji-Opfer, in: *SonntagsZeitung*, 25. 10. 2015

Pucci, Eugenio: Pompeji – Praktischer Führer für die Besichtigung der Ausgrabungen, Florenz 1966

Richter, Dieter (Hrsg.): Pompeji und Herculaneum, Frankfurt a. M. – Leipzig 2005

Schauber, Vera/Schindler, Hanns Michael: Die Heiligen und Namenspatrone im Jahreslauf, München 1985

Schlüter, Andreas/Amann, Peter: Golf von Neapel, Baedeker Reiseführer, Ostfildern 2010

Shuker, Karl P. N.: Weltatlas der rätselhaften Phänomene, Bindlach 1996

Strauß, Simon: Pompeji geht unter, schon wieder, in: *Frankfurter Allgemeine Zeitung*, 26. 4. 2015

Vorgrimler, Herbert: Geschichte der Hölle, München 1994

Internetquellen

http://winfuture.de/videos/Hardware/Neue-Erkenntnisse-ueber-die-Leichen-von-Pompeji-15265.html

http://www.faz.net/aktuell/feuilleton/kunst/fresko-diebstahl-in-pompeji-die-abgesaegte-brust-der-artemis-verkauft-sich-gut-12854317.html

http://www.faz.net/aktuell/gesellschaft/reliquien-und-heilige-wunder-gibt-es-in-neapel-immer-wieder-12924474.html

http://www.spektrum.de/news/europas-supervulkan-kann-ohne-vorwarnung-explodieren/1398142

http://www.vulkane.net/

http://www.welt.de/wissenschaft/article110455449/Neapel-droht-Zerstoerung-durch-Supervulkan.html

https://de.wikipedia.org/wiki/Pompeji

https://www.heiligenlexikon.de/

Kontakt & Besichtigung

http://reise-nach-italien.de/solfatara.html

http://www.portanapoli.de/neapel

http://www.pozzuolitourism.com/santuario-di-san-gennaro/

http://www.solfatara.it/

www.catacombedinapoli.it

WUNDERSAME WALLFAHRTSORTE

Bücher und Zeitschriften

Apostolische Konstitution (Hrsg.): Katechismus der Katholischen Kirche, München 1993

Attems, Franz/Koren, Johannes: Kirchen und Stifte der Steiermark, Innsbruck 1992

Badde, Paul: Das Göttliche Gesicht, München 2007

Badde, Paul: Die Grabtücher Jesu in Turin und Manoppello, Berlin 2014

Badde, Paul: Maria von Guadalupe, Berlin 2004

Blumrich, Josef F.: Da tat sich der Himmel auf – Die Raumschiffe des Propheten Ezechiel und ihre Bestätigung durch modernste Technik, Düsseldorf – Wien 1973

Caramelle, Franz/Ingenhaeff, Wolfgang/Orlik, Peter/Penz, Ludwig: Sankt Notburga – Die Volksheilige aus Tirol in Geschichte, Kult und Kunst, Innsbruck 1996

Däniken, Erich von: Erscheinungen, Düsseldorf – Wien 1974

Däniken, Erich von: Raumfahrt im Altertum – Auf den Spuren der Allmächtigen, München 1993

Dopatka, Ulrich: Die große Erich von Däniken Enzyklopädie, München 1997

Ermel, Gisela: Rätselhafte Tilma von Guadalupe, Marktoberdorf 2002

Every, George: Das Christentum und seine Legenden, Klagenfurt 1990

Fiebag, Johannes/Fiebag, Peter: Zeichen am Himmel, Frankfurt am Main 1995

Fischer, R./Stoll, A.: Kleines Handbuch Österreichischer Marien-Wallfahrtskirchen, 3 Bände, Wien 1979

Fischinger, Lars A.: Nicht von Menschenhand – Das Wunder von Guadalupe, Güllesheim 2007

Genzmer, Herbert/Hellenbrand, Ulrich: Rätsel der Menschheit, Bath 2006

Gerstenberger, Marianne: Die Wallfahrtskirche Maria Straßengel bei Graz, in: *Christliche Kunststätten Österreichs,* Nr. 308, Salzburg 1997

Graff, Michael/Förg: Heinz-Jürgen/Scharnagel, Hermann; Maria, Erscheinungen – Wunder – Visionen, Augsburg 1999

Gugitz, Gustav: Österreichs Gnadenstätten in Kult und Brauch, 5 Bände, Wien 1954

Habeck, Reinhard: Bilder, die es nicht geben dürfte, Wien 2009

Habeck, Reinhard: Geheimnisvolles Österreich, Wien 2006

Habeck, Reinhard: Wundersame Plätze in Österreich, Wien 2007

Hattler, Franz: Gottesraub in Eben, Innsbruck 1878

Hiesmayr, Herbert: St. Thomas am Blasenstein, Ried im Innkreis 1997

Hösch, Karin: Stans in Tirol – Kirchen und Kapellen, Stans 2002

Jaindl, Elisabeth: Alt-Wien – Es war einmal …, Wien o. J.

Jansch, Franz: Kultplätze im Land der Berge Tirol und Vorarlberg, Unterweitersdorf 1995

Krassa, Peter: Gott kam von den Sternen – Die phantastische Lösung der biblischen Rätsel, Freiburg i. Br. 1974

Lukan, Karl: Das Burgenlandbuch, Wien 1998

Lukan, Karl: Seltsame Kultstätten – Sonderbare Heilige, Wien 1995

Mader, Sylvia: Katalog der Sammlung Notburga Museum, Eben am Achensee 2004

McClure, Kevin: Beweise: Erscheinungen der Jungfrau Maria, München 1987

Naupp, Thomas: St.-Notburga-Kirche in Eben am Achensee, Kirchenführer, Salzburg 2002

Penz, Ludwig: St. Notburga – Mutige Magd auf der Rottenburg, Innsbruck 2010

Perierus, Johannes (übersetzt aus dem Lateinischen von Florian Schaffenrath): ACTA der Hl. Notburga, Antwerpen 1753

Pfarramt Absam-St. Michael (Hrsg.): Das Gnadenbild Maria Absam, Absam o. J.

Pfarramt Siget an der Wart (Hrsg.): Kirchenführer – Ladislauskirche, o. J.

Raff, Helene: Tiroler Legenden, Innsbruck 1924

Rat der Evangelischen Kirche in Deutschland (Hrsg.): Die Bibel oder die ganze Heilige Schrift des Alten und des Neuen Testaments nach der deutschen Übersetzung Martin Luthers, Wien 1972

Schauber, Vera/Schindler, Hanns Michael: Die Heiligen und Namenspatrone im Jahreslauf, München 1985

Tacke, Wilhelm: Der Bleikeller am St. Petri Dom zu Bremen, Kirchenführer, München-Berlin 2006

Weichselbaum, Josef u. a.: Maria Taferl – Wallfahrtskirche zur Schmerzhaften Muttergottes, Großer Kunstführer Nr. 33, München – Zürich 1992

Zimmermann, Werner: 1797–1997 – 200 Jahre Tiroler Landes-Wallfahrt Maria Absam, in: *Südtirol in Wort und Bild,* Heft 4, Innsbruck 1997

Zingerle, Ignaz Vinzenz (Hrsg.): Sagen aus Tirol, Innsbruck 1859

Mündliche Quellen

Hermann Kastner: Persönliche Mitteilungen, Stans-Maria Tax, 2006 und September 2011

Annemarie Lex: Persönliche Mitteilung, Eisenberg, Herbst 1990

Internetquellen

http://ermel-kultbilder.blogspot.co.at/

http://kath-zdw.ch/maria/unversehrt.html

http://www.volto-santo.com/
https://de.wikipedia.org/wiki/Kapuzinergruft_(Palermo)
www.regione.abruzzo.it/giubileo/de/manoppello.html

Kontakt & Besichtigung
http://eisenberg.org/
http://lainsitz.prinzeps.com/johannesberg.htm
http://romanische-schaetze.blogspot.co.at/2013/02/osterreich-rotenturm-der-
    pinka.html
http://www.basilika.at/
http://www.eben.tirol.gv.at/St_Notburgakirche_in_Eben-Maurach_2
http://www.evang-stadtschlaining.at/tochtergemeinde-goberling/
http://www.hall-wattens.at/de/wallfahrten.html
http://www.istra.hr/de/regionen-und-orte/stadte/ltz-vodnjan/was-kann-man-
    machen/kultur-kunst/museen-sammlungen/1738-ch-0?&l_over=1
http://www.italien-inseln.de/italia/abruzzen-abruzzo/pescara/manoppello.html
http://www.kalebuz.de/
http://www.kirchen-fuehrer.info/maria-strassengel-bei-graz.html
http://www.locherboden.at/wallfahrtskirche.html
http://www.maria-bildstein.at/
http://www.mexikoko.de/mexiko-reisen/mexiko-stadt/sehenswuerdigkeiten/
    basilica-de-guadalupe.html
http://www.museocapodimonte.beniculturali.it/
http://www.notburga-museum.at/
http://www.stpetridom.de/index.php?id=51
http://www.st-thomas.at/index.aspx?rubriknr=1657
http://www.tirol-infos.at/innsbruck/heiligwasser-bei-igls.html
http://www.vatican.va/various/basiliche/sm_maggiore/index_it.html
http://www.wolfsklamm.com/wandern/maria-tax/

GÖTTLICHE BESCHERUNG

Bücher und Zeitschriften

Bayó, Marina: Die Kathedrale von Santiago de Compostela, Barcelona 2004
Claussen, Johann Hinrich: Die 101 wichtigsten Fragen – Christentum, München
    2006
Convento de San Francisco: El Mensaje de la Piedra, Santiago de Compostela 2009
Drouve, Andreas: Geheimnisse am Jakobsweg, Innsbruck – Wien 2007
Drouve, Andreas: Lexikon des Jakobswegs, Freiburg im Breisgau 2006
Grant, Michael: Das Heilige Land, Bergisch Gladbach 1985
Habeck, Reinhard: Bilder, die es nicht geben dürfte, Wien 2009
Herbers, Klaus: Der Jakobsweg – Geschichte und Kultur einer Pilgerfahrt, München
    2011
Höllhuber, Dietrich/Schäfke, Werner: Der Spanische Jakobsweg, Ostfildern 2006
Keller, Werner: Und die Bibel hat doch recht, Düsseldorf 1955
Kochav, Sarah: Israel – Das Heilige Land, Erlangen 1995
Langbein, Walter-Jörg: Lexikon der Biblischen Irrtümer, München 2003
Nürnberger, Christian: Das Christentum – Was man wirklich wissen muss, Berlin
    2007
Orde Franciscana (Hrsg.): Museo de Terra Santa, Santiago de Compostela 1993
Perrín, Ramón Yzquierdo; Santiago de Compostela – Reiseführer, León 2006
Roger, Jean P.: Das Land Jesu, Wien – Köln – Graz 1976
Schneller, Wolfgang: Der Jakobsweg nach Santiago de Compostela, Lindenberg
    2008

Mündliche Quelle
Rori Suárez Barreto: Persönliche Mitteilungen an den Verfasser, Mai 2009 und
    September 2010

Internetquellen
http://santiago-online.com/de/Santiago_Kathedrale.php
https://de.wikipedia.org/wiki/Geburtskirche
http://santiago-online.com/de/Santiago_Botafumeiro.php

Kontakt & Besichtigung
http://www.catedraldesantiago.es/
http://www.florentinermuseen.com/musei/palazzo_vecchio_florenz.html
http://www.franciscanos-santiago.org/a/museotierrasanta/index.htm
http://www.israelmagazin.de/israel-christlich/geburtskirche-bethlehem

Alle Internetquellen: Stand September 2016

BILDNACHWEIS

Wie sind archäologische Funde aus vergangenen Zeiten zu bewerten, die nicht ins vertraute Weltbild passen? Waren unsere Vorfahren technisch weit fortschrittlicher als wir vermuten? Reinhard Habeck stöberte erstaunliche und wenig bekannte Artefakte auf, die noch voller Rätsel sind. Die vorgestellten „Wunderwerke" dürfte es in dieser Form zu jener Zeit eigentlich nicht gegeben haben. Dennoch existieren sie …

Reinhard Habeck
UNGELÖSTE RÄTSEL
Wunderwerke, die es nicht geben dürfte

€ 19,90; ISBN 978-3-85431-709-8
208 Seiten; 17 x 24 cm
Hardcover mit Schutzumschlag
s/w- und Farbabbildungen

Im Val Camonica in Oberitalien wurden bisher über 350.000 Felszeichnungen freigelegt. Manche Motive zeigen Geschöpfe, die an Astronauten unserer Tage erinnern. Ebenso verblüffend: Steinplatten mit Geländemarkierungen, die ein erstaunliches Wissen über Topografie belegen. Reinhard Habeck hat diese und weitere Rätsel prähistorischer Felskunst im Alpenraum besucht und stellt überraschende Thesen zur Diskussion.

Reinhard Habeck
STEINZEIT-ASTRONAUTEN
Felsbildrätsel der Alpenwelt

€ 19,90; ISBN 978-3-85431-670-1
208 Seiten; 17 x 24 cm
Hardcover mit Schutzumschlag
durchgängig vierfärbig

pichler verlag

IMPRESSUM

ISBN 978-3-85431-740-1

styria

Wien · Graz · Klagenfurt

© 2016 by *Pichler Verlag* in der
Verlagsgruppe Styria GmbH & Co KG
Alle Rechte vorbehalten.

Bücher aus der Verlagsgruppe Styria gibt es
in jeder Buchhandlung und im Online-Shop

styriabooks.at

Lektorat: Elisabeth Wagner
Cover- und Buchgestaltung: Bruno Wegscheider
Coverfotos: Reinhard Habeck

Druck und Bindung: Neografia
7 6 5 4 3 2
Printed in the EU